逆生长
慢生活

在家玩花草

她品 主编

农村读物出版社

图书在版编目（CIP）数据

在家玩花草 / 她品主编. — 北京 ：农村读物出版
社，2011.11
（逆生长慢生活）
ISBN 978-7-5048-5537-4

Ⅰ．①在… Ⅱ．①她… Ⅲ．①观赏园艺 Ⅳ．①S68

中国版本图书馆CIP数据核字(2011)第212487号

策划编辑	黄 曦
责任编辑	黄 曦
出　版	农村读物出版社（北京市朝阳区麦子店街18号　100125）
发　行	新华书店北京发行所
印　刷	北京三益印刷有限公司
开　本	787mm×1092mm　1/24
印　张	5
字　数	120千
版　次	2012年 1 月第1版　2012年 1 月北京第1次印刷
定　价	26.00元

（凡本版图书出现印刷、装订错误，请向出版社发行部调换）

第 一 章

居家花园，
足不出户享受酷生活

第二章

花姿动人，
42款年轻人最爱的
人气盆花详解

居家花园，足不出户享受酷生活

居家种花三大美"位"

对于都市"花匠"来说，阳台是最常见的种花场地。但并不是所有阳台都适合用来栽种自己喜欢的花草，还得根据阳台的朝向、采光度来决定。

🌿 根据阳台朝向决定花卉品种

❋ A 朝南的阳台最适合花卉生长

对于家中拥有开敞式朝南阳台的家庭来说，养花是件幸福的事儿。因为朝南的阳台阳光充足，空气流通性好，温度适中，是栽种花卉最好的地方。唯一的缺点是会让花卉蒸腾水分速度变快，所以朝南的阳台宜栽种喜欢阳光和耐干旱的花卉。如石榴花、宝石花、旱金莲、夜来香、千日红、百日草、菊花、朝天椒、冬珊瑚、金鸡菊、一品红、月季、石榴、茉莉、米仔兰、白兰花、茑萝等，尤其是天竺葵、秋海棠、矮牵牛这三种花还被奉为"阳台三宝"，即便是不善于管理

01

阳台变身沙漠绿洲的终极机密

8

花园的人，也可让其在阳台上肆意生长。而如果是半封闭式朝南阳台，则可在隐蔽处种植一些喜阴的花卉，如文竹、天门冬等。

B 朝东和朝西的阳台稍次之

太阳东升西落，所以朝东的阳台和朝西的阳台，总会有那么一上午或一下午阳光直接照射，造成阳台某一时段温度高、光线太强，或某时段形成荫蔽之所。因此，朝东和朝西的阳台只适合种植短日照花卉，如茑萝、常春藤、金银花、落葵、夜来香、金樱子等，尤其以具有牵拉攀爬功能的植物最佳，形成天然绿色屏障，以降低阳台温度，顺便让其他不耐热的植物躲避夏日的阳光直射。另外，再种植一些稍耐阴的花卉，如扶桑、茉莉、凤仙、苏铁、南天竹等，躲在攀爬植物下，形成错落有致的花层。

C 朝北的阳台养花很受限制

而与朝南阳台相对的是朝北的阳台。朝北阳光明显不足，即便是有些许光线照入，也是以散射光为主，位置也比朝南阳台低得多。而且开敞式朝北阳台在冬天完全不能种花，因为冬天的北方，光照时间也较夏季短，加上空气较阴冷，很容易对花卉造成明显冻害；即便是封闭式阳台，如没有暖气，冬天气温较低也不利花卉生长。所以朝北的阳台只能在春夏秋季种植一些耐阴且耐寒的花卉，如吊竹梅、吊兰、山茶等。

朝东和朝西的
阳台只适合种植
短日照花卉

不同楼层的阳台宜选择不同品种

对城市住户来说，楼层对阳台温度也会有一定影响，比如说高楼层的阳台夜间温度下降的趋势就比低楼层明显：高楼层的阳台因前面没有遮挡物，所以采光效果较好，且日照时间较长，以致高楼层阳台温度骤然上升；但到了晚上，也因接受上层冷空气吹拂，阳台温度下降较快，所以高楼层阳台应选择即使"冷热刺激"照样生长的花卉品种，如三角梅、桂花、栀子花、茉莉花、米兰、仙人掌等。而低楼层阳台则适合栽种一些像兰花、杜鹃花、文竹、吊兰、茶花之类的偏阴植物。

另外，高层楼阳台通常会有"高处不胜寒"的感觉，尤其是在冬天，冷空气持续时间长，所以要注意做好花卉的防寒工作。而且在高层种花要做好一切安全措施，比如将花盆固定，尽量不要将花架伸出户外等，以免不小心"高空坠物"引发不必要的纷争。

此外，在高楼层养花，还要注意给花卉浇水时的防护措施，不要让浇花水落到楼下，避免给楼下居民带来困扰，甚至引起邻里的纷争。

看起来生机勃勃呢！

02

庭院和天台，
视线敞亮的养花胜地

和阳台种花相比，庭院或天台相对来说要"敞亮"得多。不过因为庭院有大有小，且连接"地气"；天台露天且多半位居屋顶，所以在花草品种选择及呵护细节上也有着众多不同。

🌱 庭院

✳ A 小庭院

通常将30平米以下的庭院称为小型庭院，想要将这片"迷你"空地打造成五脏六腑俱全的花园，还得掌握小型庭院的布置法则才行。比如说小型庭院视野范围有限，所以应尽量避免栽种高大粗壮的花卉，而改用盆栽花卉来布局。在庭院的边缘上，或是拾级而上的假山上，放置几盆桂花、杜鹃、兰花、石榴、月季等盆栽，盆架底下种一些秋海棠、虎耳草、垂盆草等，这样立马会让庭院看起来错落有致，增加些许韵味。

✳ B 大庭院

若庭院在30平米以上的，在花卉品种选择上相对来说要广阔得多。可根据自己喜好或庭院形状来定，在庭院正对面选种一些一年生的草本或多年生的球根花卉，如矮牵牛、三色堇、萱草、一串红、鸡冠花等，形成一片热闹的景象，但又不会因长势过高影响种花人视线。

庭院的四周边缘地带，是花草安家的重地。春天，在庭院里种上一些紫藤、杜鹃、茶花、迎香花、丁香花、海棠花等花卉，对土质要求不高，易种易活；夏天则应以

居家花园，足不出户享受酷生活

11

夏天则应以具有"红花绿叶"的花卉为主

具有"红花绿叶"的花卉为主，如紫薇、石榴、月季、凌霄、八仙花、月季、合欢树等，只要土壤疏松肥沃，这些花都能"花开灿烂"，且花期长，为炎炎夏日带来丝丝凉意；秋天庭院则以观叶和果实欣赏为主，如柿子树、橘树等，赏花赏果，好一片秋收的景象；而寒冷的冬天自然是以常绿不败的观叶植物为主了，像梅花、竹子、枇杷树等都是冬天庭院的主角。

最后，在庭院的中间，则可点缀一些石笋、太湖石等景点，再配一些红枫、修竹之类颇具大将风范的绿植，形成别具风格的园林艺术。

✳ ℂ 庭院管理

无论是大庭院还是小庭院，都应注意经常为其排水，保持泥土干湿有度，既不会干燥过度也不会湿润过度。另外，因为庭院面积开敞，花卉根部吸收泥土中的营养较之盆栽更充分，所以可适当减少浇水施肥的次数，以"宁干勿湿"的原则控制水分，以免造成植株烂根烂叶而死。

当然，如果在庭院中仍旧采用盆栽的方式养花，就应注意花盆大小是否合花卉的心意，千万不要花盆大花卉小，或花盆小花卉大，否则会造成盆土中营养浪费或花卉拥挤影响生长。此外庭院里盆土大多露天，所以要经常翻动，防止病虫害滋生。

🌿 天台

　　天台的阳光较之阳台更旺盛，因此天台上应选择生命力非常强悍，且能经受住阳光直接照射的花卉，如九里香、野菊花、太阳花等。当然，如果在天台上搭建了一些遮阳措施，那些中性植物也可入住天台，如含笑草、山茶花等，还可在荫凉的地方栽种兰花、绿萝等。

　　不过，天台和阳台一样，都有一定的载重负荷，所以不宜将太过笨重的容器置于上面，更不要在天台上大兴土木。且有些天台属于公共场合，种花种菜等最好在取得周围邻居的同意后再进行。找专业人员将天台上的花盆固定住，以防刮风打雷时将花盆掀翻掉落造成意外。最后，在天台种花最好选择花盆和植箱，尽量不要直接在天台上种植花卉，尤其是那些根系发达、穿透力强、生长势头迅猛的植物，像榕树等，否则容易伤及屋顶造成房屋漏水。而且，即便是用花盆种花，也要隔三差五将花盆转动或移动，检查花卉根部有没有影响屋顶的安全。

03

室内，
让美深入家的每一个角落

美丽的花草不仅是用来美化环境的，还能用来净化空气，尤其是养在室内的花卉，还可帮助吸收二氧化碳、二氧化硫等有害有毒的气体，为养花人的健康保驾护航。不过室内摆弄花草也有大学问，为什么不同的地方要放置不同的花卉，为什么又有些花不能入屋？打造居家氧吧，也要好好学习才行。

🌿 室内花卉选择应根据区域来分

✳ *A* 客厅

客厅是家人团聚和会客的场所，且大多家庭客厅的采光效果和通风效果好，因此适合种植一些半耐阴且花色鲜艳、花型高贵大方的花卉，如玫瑰、水仙、海棠等。最好是能搭配得当，既有翠绿的观叶花卉，也有千姿百态的赏花赏果花卉。

✳ *B* 餐厅

餐厅通常离厨房很近，因此难免遭"人间烟火"的熏染，若能在餐厅种植一些悬挂的绿萝、常春藤、吊兰、郁金香等花卉，既可将其当做帘子隔断厨房和餐厅，美化环境，又可帮助吸收室内废气，一举两得。

✳ *C* 卧室

与"人来人往"的客厅不同，卧室是相对隐秘的地方，因此在花卉选择上也应尊重卧室的主格调：恬静、舒适。在室内窗台上，可选择茉莉、桂花、月季之类的花卉。放置在梳妆台、壁柜上的花卉，则以淡雅的山百合、水仙等为主。另外，为防止室内花卉过多地与人争夺氧气，应尽量避免让花卉在卧室过夜，且即便是白天，布置花卉的品种和数量也不宜过多，三五盆用来点缀即可。

✳ D 书房

通常在家庭装修时，会将最优雅宁静的房间用作书房。而为了配合书房不张扬的特点，在花卉选择上，可以米兰、水仙、茉莉、文竹、龟背竹、天竺葵等清秀文雅的花卉绿植为主。尤其是书架或书桌上，可摆放几盆如文竹、万年青之类的观叶花卉，借用鲜绿色来增加书房的文雅气息。

✳ E 卫生间

一般来说，卫生间是家庭里最潮湿、幽暗的地方，所以应选择一些耐阴性极强、喜幽暗潮湿生长环境的植物，如蕨类植物等。当然，放一盆藤蔓植物在卫生间的窗台上也很漂亮。

可帮助吸收室内废气！

🌿 室内花卉品种巧选择

室内养花要谨慎选择，如夜来香夜间会排放大量废气，不仅不会为人们优化环境，反而让人吸收"二手空气"。另外，病人的房间是不宜盆栽花卉的。因为盆栽花卉中的泥土会产生真菌孢子，容易通过空气进入人体内继而引发感染。

"花仙子"必知养花五要素

通俗地说，"花"是植物的繁殖器官，是指姿态优美、色彩鲜艳、气味香馥的观赏植物；"卉"是可用来观赏的草的总称。但人们习惯性地将可用来观赏的花和草统称为"花卉"，如同"人有百种，种族各异"，花卉也有其特定的"帮派"分类。若要将花卉进行分类总结，大致上可将其分为草本花卉、木本花卉和肉质花卉三种。

🌿 草本花卉

所谓草本花卉，就是指茎、枝、叶都比较柔软，木质部不发达的花卉。草本花卉的茎通常称之为草质茎，柔软易折断，养起来较"金贵"。不过好在草本花卉对土壤的要求相对不高，只要求土壤疏松肥沃，保水性和透水性好，团粒结构优良即可。而草本花卉按其生长时间长短，又可分为一年生、二年生及多年生草本花卉。一年生的草本花卉多在当年下种，当年开花接种后死

01

知己知彼，幸福"拈花惹草"的前提

亡，如一串红、千日红等。二年生的草本花卉通常可跨年生长，一般在秋季下种，到第二年春夏开花、结果直至死亡，如金鱼草、金盏花等。多年生草本花卉是指生长期超过2年的花卉，如文竹、四季海棠等。

木本花卉

木本花卉是指木质部发达的花卉，主要包括乔木、灌木、藤本三种，多能存活数年。乔木是指主干和侧枝区别较大，植株高大，高度达数十米的花卉；灌木则主干和侧枝没有明显区别，花卉呈丛生状生长，植株矮小；而藤本花卉是指枝干生长较细弱，枝干不能直立，通常要攀附其他花卉或道具才能生长的植物。

多肉花卉

肉质类花卉的茎叶生长肥大，含水分较多，呈肉质，是懒人一族的最爱。多肉类花卉通常也可分为两种，一种是仙人掌类花卉，因原产沙漠地带，导致它的茎叶长得粗大，自身能贮藏大量水分和养料生长，抗击干燥的能力极其强悍，所以即便是出差，或三五天忘记打理此类花卉，都不用担心它们会被"渴死"。另一类是景天类花卉，它们茎叶脆嫩肥大，含水量较多。

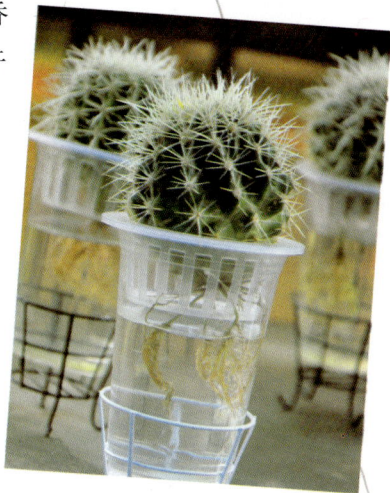

肉质类花卉
茎叶生长肥大
含水分较多
呈肉质

阳光，
花卉生长发育
必备遥控器

人类对于光明的追求孜孜不倦，因为没有阳光的照射，万物便失去了生长的活力。花卉也一样，无时无刻不需要阳光的"抚慰"。

阳光对花卉生长的影响

A 光照是花卉生长的限制因子

光照是花卉制造营养物质的能源，没有阳光，花卉就不能正常地进行光合作用，继而导致花卉生长发育缺乏养料而受到严重影响。且大多数植物只有在充足的光照条件下才能花繁叶茂，缺乏适当的光照，花卉叶子容易变黄失去光泽，继而缩短花卉的观赏寿命。

B 光照对花卉开花的影响

通常来说，即便是同一株花卉，其接受光照的程度不同，将来开花效果及数量就会大不相同：充分接受光照的一面，将来势必"花开灿烂"；而背光的一面则会显得"势单力薄"。花谚有云："阴茶花、阳牡丹、半阴半阳四季兰。"由此可见，不仅光照对花卉开花有影响，不同花卉品种对光照的要求也不同，根据这些特异点，可将花卉分为阳性花卉、中性花卉和阴性花卉。

所谓阳性花卉，就是每天需超过12小时的光照才能分化发芽，喜欢强光而不耐荫蔽的花卉。大部分观花、观果花卉都属于阳性花卉，如玉兰、月季、石榴、梅花、紫薇、柑橘等。而中性花卉则是指对光照要求不高，在长日照和短日照情况下均可正常生长的花卉，这类型花卉主要有桂花、茉莉、白兰、八仙花等。阴性花卉则主要是指在隐蔽的环境条件下圣战更良好，在强光照射下反而会生长停滞的花卉，如文竹、杜鹃、绿萝、万年青等。

如何判断花卉是否光照合宜

花卉缺乏光照的处理方法

花卉缺少阳光会长势欠佳，但如何才能判断花卉是否缺少光照呢？一般来说，如果花卉突然间出现绿叶变黄叶、大叶片变小叶片、硬枝条变脆弱枝条、花骨朵小而无香等情况，多半表示花卉正缺乏光照，如不及时打理，任其进一步发展，恐怕会引发病虫害等症状。

花卉光照不足多半发生在背光的阳台，或寒冷的冬天环境下，解决方法有很多，最有效的是将花卉移到有

光照直接照射的地方，让其顺利地沐浴阳光。另外，因为冬天天气寒冷，且阴雨连绵，光线明显不足，可采用荧光灯照射来代替阳光。如果有足够的时间和精力，还可在花卉旁边树一排镜子、锡纸之类的反光材料来增强荧光灯的光照效果。

✳ Ｂ 花卉光照过多的处理方法

与冬天的光照不足一样，夏天的光照太过强烈也会影响花卉生长。因此在夏天应为花卉搭建遮阳棚，在盛夏时只露出微微散射光，待温度日渐消退后再让花卉接受直射光。另外，即便是同一盆花卉，各方向的光照条件不一样，也会导致花卉出现"一边胖一边瘦"的不良情况。所以为了让花卉生长得更"标致"，保持花卉形状的整齐美观，应经常更换花盆的方向，让花盆中每个方向的枝条都能得到光照。隔三岔五将花盆转个圈，让花卉均匀地接受阳光照耀，不仅有助花卉美丽，更能预防暗处病虫害滋生。

03

温度，
启动花儿
休养生息的机关

和光照一样，温度对花卉生长的影响至关重要，花卉的光合作用、呼吸作用、蒸腾作用等无不和温度有关。花卉只有在适宜的温度范围内才能进行生命活动，一般温度越高，花卉生长越快，温度越低，花期越长；此外，温度还会影响花卉的开花过程，有些花卉一定要在低温条件下才开放，如腊梅、杜鹃花等。所以掌握了温度，也就是掌握了花卉休养生息的大权。

温度对花卉的影响

通常人们认为花卉正常生长和开花结果有三种不可忽视的温度：年平均温度、生长期的积温，以及冬天最低温。其实，花卉生长更重要的应是花卉的最适合温度、最高温度和最低温度，也就是所谓的花卉温度"三基点"。超过最高温度和最低温度，花卉的生长发育、开花、结果和其他一切生命活动都会受到影响。

所谓花卉的最适合温度，就是大多数花卉都能存活的温度，即4～36℃。而最高温度，顾名思义，就是花卉所能承受的最高温度条件，一旦越过这个温度值，花卉就会死亡。比如说一般花卉能忍受45℃左右的高温，如果连续几天将花卉放在超过45℃的环境中，花卉呼吸频率会加快，导致花卉本身有机物的合成比消耗速度快，水分流失加速，最后花卉达到最高耐热点而死亡。

而最低温度则是指花卉所能承受的最强耐寒能力。一般来说低温比高温对花卉的杀伤力更强。因为一般花卉在遭遇高温袭击后，只要悉心照顾，及时进行补水等急救措施，还有存活的可能，可一旦遭遇极度低温，连同根部都被冻伤或冻死，之后再怎么抢救都无效。因此，为了让花卉顺利越冬，可将花卉搬入室内，但要注意不要将室温调得太高，否则花卉会消耗很多的养料，从而不利于花卉进入冬天的休眠期顺利越冬。

低温比高温对花卉杀伤力更强！

花卉对温度的不同要求

根据花卉对温度的不同要求，也为了让人们更方便地管理花卉，可将花卉分为三种。

A 耐寒花卉

耐寒花卉抗寒能力强，在我国北方能露天越冬，一般能承受-5℃的低温。如二月兰、萱草、丁香、迎春花、海棠、百合、木槿等，有的甚至能忍受-20℃的低温。到了第二年温度达到5℃～15℃，花卉就可继续开花。

B 稍耐寒花卉

稍耐寒花卉通常能接受-5℃左右的低温，如香豌豆、非洲菊、石蒜、吊兰、天门冬等。在天气极度寒冷时，需要用稻草或绳索盖住根部才能越冬，有的则因为地上根部枯萎，只留地下的球根，这样的花卉可以在室外露地越冬。

C 不耐寒花卉

不耐寒花卉在生长期间需要高温，要求温度一般不低于8℃，例如牵牛花、凤仙花、鸡冠花等，必须要在25～30℃的环境条件下才能开花。不耐寒的花卉以一年生花卉最为典型，因此栽种一年生花卉最好能在春天进行，最后在较高的温度条件下生长发育，在降霜以前开花结果，然后以种子的形式越冬。此外，即便是同一种花卉，在不同的生长阶段，其对温度的要求也不一样。一般花卉在种子发芽期对温度要求不高，但到了发芽期则需要保持较高的温度来提高发芽率。

不耐寒花卉
在生长期间需要
高温

04

水分，那些花儿娇艳欲滴的法宝

水分是花卉植株体重要的组成部分，尤其是草本花卉，其体重有70%～90%的重量是水。但花卉对水的需求主要来自于两方面，一个是空气湿度，一个是土壤中的水分，且二者缺一不可。花卉必须在适当的空气湿度和土壤水分中才能正常生长和发育，但花卉品种不同，需水量也各异，如旱生花卉能忍耐空气或土壤干燥而活，但湿生花卉却对水分有着严格的要求。

水分对花儿生长发育的影响

空气湿度对花卉生长的影响

对大多数花卉而言，空气湿度会影响花卉的蒸发，进而影响花卉从土壤中吸收水分，影响植株的含水量。但对于部分附生花卉而言，花卉可以通过气孔或气生根直接吸收空气中的水分。一般花卉要求65%～70%的空气湿度，空气湿度过大会使叶片徒长，植株柔弱，降低对病虫害的抵抗力；而空气湿度过小，又会让花卉产生红蜘蛛等病虫害，影响花卉观赏性。

花卉在不同的生长发育阶段，对空气湿度的要求也不同，通常来说，在营养生长阶段对花卉湿度要求稍大，开花期要求较低，而结果时则更低。此外，花卉品种不同，对空气湿度的要求也不同，对仙人掌类的旱生花卉而言，所需空气湿度小，而对于叶片丰厚的观叶湿生花卉、附生花卉等，都要为其提供足够湿润的空气湿度，否则这些花卉极易死亡。

✳ B 土壤水分对花卉的影响

土壤中的水分是花卉所需水分的主要来源，它不仅为花卉本身提供植物所需的水分，还影响土壤空气含量和土壤微生物活动，从而影响花卉根部发育、分布和代谢。俗话说："养花先养根。"由此可见正常且健壮的根系是花卉生理代谢的基本条件，而水分则是让根系健壮的必备条件之一。

土壤中的水分是花卉生长繁衍的必须条件，但这并不表示花卉所需水分是越多越好，因为长期水分过多就会造成烂根、落叶甚至死亡情况。且即便是同一株花卉，在它不同的生理期、不同的季节，需水量也会不尽相同。比如说一般春天可以隔3～4天浇一次水；而在炎炎夏日，则应早晚各浇水一次；秋天则可2～3天浇一次水；严寒冬天则可每周浇水1次。且给花卉浇水一定要浇透，切忌"半截水"，即盆土表层湿润但内部依然干燥，这样不利于盆土中新鲜氧气的交换，容易损伤根部。

05

土壤和花卉，唇齿般浓情关系

对花卉来说，土壤是最"暖心"的衣服。富含营养物且疏松的土壤不仅能为花卉提供充足的矿物质、有机物、水分等营养素，还能为花卉的安全"保驾护航"，避免花卉根部遭风吹日晒。

土壤质地对花卉的影响

所谓花卉土壤质地，是指土壤的整体条件，组成土壤矿物质颗粒的大小不同，它们在土壤中所占比例也不同，因而形成了质量不同的壤土。

譬如说砂土，颗粒空间大，土壤透气透水性都良好，但它也有缺点，即保水保肥能力差，土壤温度变化大，不利花卉根部呼吸，因此在家庭养花中主要用来做花卉的扦插繁殖，或用来栽种耐干旱的多肉类植物。

黏土颗粒小，保水保肥能力强，土壤温度变化小，但土壤通透性差，排水性不好，因此一般不建议单独使用这种土壤种花，反倒可以和砂土混合使用，以弥补二者土壤中的不足。

最适合家庭种花的泥土是壤土，这种土颗粒大小适中，透风透水性都好，保水保肥能力也强，且土壤温度稳定，富含大量有机质，所以适合大多数花卉的栽培，是居家养花的理想用土。

🌿 土壤酸碱度对花卉的影响

　　土壤酸碱度常用pH来表示，它直接影响花卉的生长发育。根据花卉对土壤酸碱度的不同要求，可将pH<7的土壤称为酸性土壤；而pH=7的土壤则被称为中性土壤；pH>7的土壤则被称为碱性土壤。

　　花卉根据品种不同，对土壤酸碱度要求也不同，大多数花卉要求土壤为中性，如朱顶红、大岩桐、倒挂金钟等；另外还有一些花卉喜欢弱酸或弱碱的环境，如八仙花、羽扇豆等；只有少数花卉喜欢纯酸性或纯碱性土壤，如非洲菊、香豌豆等。

　　选购土壤时，可根据手感来评判土壤的酸碱性。一般来说，颜色较深，呈黑褐色，且土质疏松的壤土就大致可判断为酸性土；而碱性土颜色多半较浅，质地坚硬，用手揉捏后容易结块不散开；中性土则介于二者之间，用手揉捏后有片刻结块但很快会散开。如果实在不会选，可到药店买pH试纸，然后用pH试纸测定该泥土的酸碱性。另外，要想让花卉茁壮成长，选择那种腐叶土、细砂、园土按比例调配成的培养土最佳。这种土壤透气性和保水性都不错。

土壤酸碱度会直接影响花卉生长！

06

施肥，滋补花卉提高观赏指数

和水分一样，家庭养花盆土中的营养物会根据花卉的生长周期而有所消耗，因此要及时为花卉输送营养物，以保证花卉正常开花结果。家庭养花多以有机肥料为主，无机肥料为辅。

有机肥料

所谓有机肥料，是居家养花所用的环保肥料，即用各种动植物的粪便、食物残渣、树叶等经过发酵腐烂后形成的肥料。有机肥料肥效长，长期使用可改善土质，且可在花卉生长过程中减少施肥次数，为养花人省了不少心。使用有机肥料美中不足的地方，是容易滋生地下病虫害，因此如果是习惯使用有机肥料的人，应经常给花卉松松土，检查盆土的质量，一旦发现病虫害，尽快将其扼杀，以减少病虫害带来的危害。

用麻酱渣、豆饼、花生饼、菜子饼等沤制而成的有机饼肥，多半属于酸性，因此常用来为适合酸性土的花卉施肥。既可用作基肥，也可用作花卉生长期间的追肥使用，但饼肥不宜在播种时使用，在土壤分解时饼肥会产生各种有机酸，对种子发芽和幼苗生长不利。

动物粪便所做成的有机肥料是磷肥的重要来源，同时含氮量也很高，因此比较适合用来给观果类花卉做基肥使用；淘米水中含有花卉生长所必须的磷、氮等元素，能促进花芽分化，因此可将其兑水发酵后，用来喷洒叶片，可防止叶片变黄。

无机肥料

无机肥料主要是指用化学工艺制作而成的肥料，如尿酸、过磷酸钙等。相对有机肥利来说，无机肥料浓度大、无臭无味使用方便，所以也深受养花人的追捧。但无机肥料长期使用会让土壤变硬，因此使用前一定要按比例将无机肥料稀释，且最好能让有机化肥和无机化肥混合使用，以综合二者的功效，弥补二者的不足。

三 守护 "迷你花园" 的必学技法

俗话说："工欲善其事，必先利其器。"种花同样如此。不过种花工具的品种及款式繁多，一定要懂得如何挑选。只要拥有以下六种最基本的工具就足以让"迷你花园"变得更加巧夺天工。

01 养花必备 "硬件" 之 基础工具箱

🌱 花盆

市场上卖的花盆种类繁多，泥盆、石盆、瓷盆、木盆、塑料盆等，不胜枚举。但以泥盆种花效果最好，因为泥盆有透气和渗水性良好的特点，很符合花卉生长所需的条件，且泥盆上还有无数看不见的细孔，对植物吸收阳光进行光合作用很有利。泥盆有赤色和黑色两种，使用频率最高的是赤色盆。不过泥盆虽然是最适合种花的花盆，但却也有一定缺点：容易破碎。

石盆、瓷盆都属于涂釉盆，比较坚固耐用，且式样美观，对土壤的湿度保持比较稳定。但这类型花盆透气、渗水力差，在干燥多风的季节可防止水分大量蒸发，但却也因此容易引发水涝，尤其是下雨季节要随时注意倒出盆里的水，否则盆土长期得不到干燥，极易导致植株烂根。

塑料盆是所有花盆中体态最轻盈的一种，多用来悬挂花卉。吊兰、天冬草、垂盆草等都很适宜使用此花盆。不过塑料盆透气性、透水性都较差，容易导致盆土湿润不干燥，所以只适合用来种植一些喜湿润的轻便植物。

陶盆和紫砂盆排水性也较差，不过却有着微弱的透光性，多作装饰性使用。

当然，如果想要环保，任何容器都可用来种花，例如废弃的提桶、浴盆、锅碗瓢盆等。不过自己亲手制作的花盆，一定要保证盆底有排水孔才行，可以用大号钉子钉孔，然后再在盆底垫上一些纱布、砖渣之类的东西，防止盆土掉落又不失盆土良好的渗水性。

🌿 浇水壶

提及给花卉浇水，应备上两个浇水壶，一个用来喷洒，一个用来灌溉。喷洒的浇水壶可直接在花艺市场购买，也可取一个空饮料瓶自制，方法很简单，即：将空饮料瓶的瓶盖拧开，用小号钉子在瓶盖上钉若干个小孔，然后将饮料瓶中注满水，拧紧瓶盖，里面的水就会像浴室里的花洒一样喷涌而出了。这种喷洒式水壶多用来浇洒植物叶片，顺便清洗花卉叶片上的灰尘。当然，也可在冬天干燥的状态下用来喷洒花卉周围的空气，以增加空气湿度；还可在盛夏的季节给花卉周围喷洒水雾，以降低空气温度预防叶片干燥。

不过也有一些叶片比较肥厚，或叶片带有绒毛的花卉不能接受直接往叶片上喷水，这时就需要用到另外一种洒水工具了——尖嘴喷水壶。这种水壶的壶嘴具有一定长度和弧度，主要用来灌溉花卉根部的。且独特的壶嘴可大大降低水对花卉根部的冲击力，用来浇灌较远处的花卉根部也比较方便。

剪刀

说到养花过程中所需要的剪刀，目的当然是用来给花卉修剪整形了！花卉的修剪，除了可改善花卉植株形状，让其更美丽、更整齐外，还可清除多余杂乱枝条、疏剪过密枝条，以及剪去残枝、病枝，以调节现有枝叶的营养和长势，促进新枝的萌发。

另外，给花卉修剪枝叶还可预防病虫害，因为枝叶太过繁茂就会阻碍花卉通风透光，从而滋生细菌，诱发病虫害。家庭园艺中常用的剪刀有稀果剪、稀花剪、修枝剪等，每种剪刀都有其侧重点，可根据需要修剪花卉的不同来取舍和购买。当然，若能在购买时向营业员咨询剪刀的用处、使用细则就更好了，以免自己费工夫瞎折腾。另外园艺剪刀应和普通家用剪刀分开放置，以避免剪刀生锈为植株带去细菌或导致植株感染。

养花必备"软件"之修剪基本功

　　服装为人类美丽加分，修剪为花卉韵味添彩。衣服要讲究搭配才能更显人体美、更显精神美；而花卉修剪则讲究原则才能剪出优美的花卉外形，预防疾病。不过，修剪也要掌握合适的时间、正确的方法才行。

🌿 花卉的修剪要在合适的时间进行

　　谈到修剪的合适时间和正确方法，第一条是应该根据花卉的习性、耐寒程度和修剪目的来决定。比如说，给花卉修剪一般选在休眠期进行，但有时也会在生长期进行，只不过因为花卉生长习性不同，休眠期的时间也各不相同，有的在开花前，有的在开花中，有的则在开花后，所以花卉的修剪时间也各不同。

　　如梅花、迎春花等一般早春后先开花后长叶的花卉，花芽都生长在二年生枝上，一定要在开花之后的休眠期修剪才行，如果在早春发芽前就已经修剪了，就会不小心连同花枝都剪去了，这势必会造成无花或少花的现象，所以这种花卉的修

剪期应定在花开后1～2周内。不过，值得提醒的是，春天花木都已经恢复生长，树液流动比较旺盛，所以修剪尺度不宜过大，以免伤及生长要处。

而像栀子花、月季花等开花旺盛的花卉，修剪的目的是为了整理花形，疏松花枝，同时除去病虫枝，通常选在开花时节修剪花卉，以免花枝徒长，使花姿更加优雅、茂密。

另外，像紫薇、月季、茉莉等夏秋季开花的花卉，它们的花芽都生长到当年生的枝条上，因此不用像梅花那样等到开花后修剪。夏秋季开花的花卉，一般在发芽前的休眠期进行修剪，其中如果是以观叶为主的花卉也可在休眠期进行修剪。

不过在休眠期进行花卉修剪也应有禁忌，耐寒性强的花卉可在晚秋或初冬时修剪；而不耐寒的花卉则应在早春树液开始流动，但树梢尚未萌芽前修剪，这样花卉的存活率高，才能更集中营养生长。

花卉的修剪要掌握合适的方法

花卉的修剪不是一把剪刀"咔嚓"完毕就了事的，而是要包括修枝、疏剪、短截和摘心等其他工序。

A 剪梢和摘心

所谓剪梢和摘心，就是将正在生长的枝梢掐掉，旨在破坏植株的顶端优势，抑制植株的高度，俗称"去尖、打顶"。许多花卉在生长过程中都需要进行摘心工作，像一串红、金鱼草、五色椒等，待植株长到约10厘米高时就应进行摘心工作，以便养分更好地积累，使枝条组织充实，促使侧枝萌发，提高花卉的整体"壮实度"。

但也有少部分花卉不适合摘心，如凤仙花、鸡冠花、翠菊等，因为自身分枝能力强，盛开的花朵时间持久且个头大，即使不摘心也完全不用担心它会无休止往上生长；相反若是摘心了反而会让花朵大幅"缩水"，变得更小。

❋ B 疏枝

为了调整花卉形状，或为了让花卉更好地通风透光，一般需要将枯枝、病虫枝、纤细枝、平行枝、徒长枝、密生枝等剪除掉，防止无用枝条过度吸收营养。疏枝时残枝不能过长，切口不宜过大，以斜切45°平滑口最为理想。经疏枝后的花卉都能层次分明，有利于采光进行光合作用，对花卉生长非常有益，像栀子花、倒挂金钟、杜鹃花等，都要经过疏枝后才能枝繁叶茂。

❋ C 剪根

在移植过程中或换盆、翻盆时，多要配合剪根工作，剪去多余的根须、腐根、烂根、残根等，目的是为了让健康的根部集中养分，促使主干健壮，花朵大而艳丽，果实丰硕饱满。例如在移植时剪掉过短或过长的主根，促使花卉长出侧根，就可大大提高花卉根部吸收营养的能力。

❋ D 整形

为了保证花卉的整齐美丽，像独本菊、海棠、石榴、南天竹、凤尾竹等花卉，通常需要根据养花人的爱好和审美情趣来精心加工、仔细琢磨地修剪，以达到最理想的花型效果。

35

03

花开绚烂，五大花卉生子方显奇效

与动物单一的繁殖方式不同，植株的繁殖方法多且复杂。但若将其归类，也不过只有两大类：有性繁殖和无性繁殖。有性繁殖是通过孢子、精细胞、卵细胞等结合生成生殖细胞，生殖细胞长大后就成为新的个体，这种方式称之为"有性繁殖"，如种子发芽等；而无性繁殖是指利用花卉母体上的根茎叶等营养器官，通过扦插、分根等方式直接产生后代的繁殖方法。

播种法

种子法是有性繁殖方法之一，一般一二年生的草本花卉喜欢采用这种方式繁殖，而木本花卉用此类方式繁殖的较少，但有时为了培育新的品种也会采用这类方法。

居家种花也多采用播种法，将花盆或浅木箱清洗干净，在盆地垫上一些碎瓦片或纱布作为排水层，再填入一些少量混合有糠灰的沙壤土，之后往盆子里面填充壤土至盆子的七八层厚的样子，最后看种子的大小来确定应如何栽种种子。如果是大颗种子，应将其撒在土层表面，然后再在盆土表面覆盖一层细土；如果是小粒种子，应力求均匀，播种后用小木棍将其轻轻压紧，让种子和土壤"亲密接触"，再覆盖上一层薄薄的糠灰即可。

花卉多半在9月份播种。待幼苗长到具有4～5片真叶时即可移植，也就是到此时才宣告种子繁殖的方式正式成功。

🌱 分株法

花卉分株法常用于宿根性草本花卉的繁殖，以及一些球根类花卉和灌木类花卉的繁殖。分株法的繁殖成活率高，成苗快，大部分可在当年分株的情况下当年开花。不过分株法虽说可以保持品种的优良特性，但繁殖系数也比较低，不大适合大面积繁殖。

确定分株时间

花卉分株的最佳时间在天气凉爽的秋天，这样才能保证植株得到较快的恢复。这是因为冬天和夏天较极端，冷热都不适合植株根系生长；而春天气温回升较快，植株树液流动较快需要大量养分，但地下根系却来不及恢复生长，因而无法为植株提供充足营养，只能消耗花卉本身原有的储藏物质，致使花卉分株当年

播种后，用细喷壶或喷雾器往泥土中喷水，或将栽种有种子的花盆坐入另一个浅水盆中，让水分通过排水孔慢慢渗透进播种盆内。给花盆浇水后，用玻璃或塑料薄膜盖住花盆口，以减少盆土表面水分蒸发。当然，用种子繁殖时还应经常检查盆土的干湿程度，一旦发现盆土干燥要及时浇水，但也不可浇水过勤，以免盆土太过湿润让种子浸泡烂掉。待种子发芽后，将玻璃或塑料揭去，逐渐接受直射光照，不过切不可让秧苗暴晒，否则易枯萎致死。

一般播种可分两季：春播和秋播，通常耐寒力较弱的一年生花卉多半在春天4月中旬时播种；而耐寒力较强的两年生

生长无力或因营养不足而死，所以春天也不适合进行分株。

春天不适合进行分株！

B 找出分株差异

分株法根据花卉品种不同，在分株方式上也应有细微差别。如块根类分株法是指芽在根茎上多处萌发，然后将块根切开另种一处，使之成为两棵新花苗的繁殖方式，大理花就常用这种方式繁殖。而像唐菖蒲、郁金香、小苍兰、晚香玉等品种的球茎类花卉，茎短小肥厚成球状。若这些球状根上自行分生出小球，可将其进行挖出分栽，培育成一棵新植株。不过这种分株法的花卉第一年不能开花，直到第二年才会开花，而且随着分球次数的增多，母球会因生长力逐年下滑而被淘汰。

C 分株的注意事项

分株时先将品种纯正、生长健壮的花卉连根挖出，去掉附在花卉上的泥土，然后顺着花卉自然生长的纹路，将其用刀切开。但要注意剪切过程中应尽量减少伤口面积，以免延长伤口愈合时间。另外，分株时如何确定比例，也应根据花卉株丛的大小、根系多少而定，一般分出2～5根较健壮的根即可，且分株的同时不要忘记清理残根、病根、腐根。

扦插法

扦插繁殖时目前花卉栽培上常用的一种无性繁殖方法之一，以切取花卉的根、枝、芽、叶等器官部分，插入到培养基质中促使其生根发芽，继而形成新植株。这种繁殖方法技术简单，应用广泛，可促使花木提早开花结果。扦插插法有枝插、叶插和根插等，但多以枝插为主，根插法在家庭养花中不常用。

A 枝插

枝插常因取材和时间上的差异，分为硬枝扦插和嫩枝扦插。通常硬枝扦插是在花卉落叶后到第二年春天萌芽前进行，选择较为健壮、没有病虫害的一二年生的枝条，将其剪成约10厘米长的段落，并且上端成斜口，以利于排水，插入土中。绿萝、月季、绿宝石、龟背竹、富贵竹等都是采用的硬枝扦插法。而软枝扦插法常在夏秋季进行，截取当年生的嫩枝随剪随插。像杜鹃、桂花、月季、夹竹桃、栀子花、茉莉、天竺葵、一串红等花卉常用这种方法繁殖。

B 叶插

有些花卉的叶片能当根用，具有生根发芽繁殖的作用，若将这些叶片作为插穗繁殖，这种方式就叫做叶插。像秋海棠、非洲紫罗兰、石莲花等花卉，都可采用叶插的方法繁殖。剪取叶片时，如果叶片上带有叶柄，要保留叶柄，并将叶柄插入盆土中或浸泡在水中长根；如果叶片上没有叶柄，要用竹签将叶脉固定在盆土中，以便叶片更好地吸收营养。

嫁接法

嫁接法也是花卉常用无性繁殖方法之一，即将其嫁接到其他植株上，使它们相互愈合成新植株的方法。用于嫁接的枝条称为"接穗"，而被嫁接的植株则被称为

"砧木",嫁接后成活的花苗也理所当然被奉为"嫁接苗"。嫁接的砧木和接穗要认真地选择,砧木应选择根部发育良好、植株强健、无病虫害的实生苗或扦插苗,接穗则应选择品种优良、无病虫害的花木上充分发育成熟的花枝。

剪取叶片时
如果叶片上带有叶柄
要保留叶柄

＊A 找准嫁接的时间

想要验证接穗是否嫁接成功,可看接穗和砧木之间的愈合组织,当接穗开始萌发新芽时,就表明接穗成功,形成新的个体了。若想大大提高嫁接的成活率,嫁接的时间一定要算准。嫁接可分休眠期嫁接和生长期嫁接,休眠期嫁接一般在3月上中旬,一些"苏醒"比较早、树液流动比较快的花卉可在2月中下旬进行;另外,休眠期嫁接还可选在10月上旬至12月初。而生长期嫁接则通常选在7月上旬至8月下旬,砧木要选择和接穗相近的同种或同属植物,而接穗要选择生长饱满的中部枝条,这样花卉才会生长能力强。

＊B 分清嫁接的方法

嫁接也有其自己的原则,即"切口平滑、不能毛糙,且嫁接所用的绑扎材料,应多用塑料薄膜剪成的长条,而不是绳索或铁丝之类的硬物。"此外,嫁接的方法很多,常用的有枝接、芽接和靠接。枝接是家庭嫁接中最常用的方式,将选定的砧木平截去上部,在

其一侧纵向切下2厘米左右，插入一根约2厘米长的接穗枝条，绑紧即可；而芽接则采用枝条中部饱满的侧芽，剪去叶片留出叶芽2厘米，然后将其插入到切成丁字形的砧木中，用塑料膜扎紧；靠接是将接穗和砧木置于一处，使两者削面密接结合即可。

🌿 压条法

所谓压条繁殖，就是将花卉母株上的枝条压入土中，让其生根发芽，然后将生了根的枝条切离母体成为另一株独立新植株。压条繁殖在居家种植中，较适用于扦插一些难以生根或生根比较慢的花木，如桂花、广玉兰等。而压条时期则应根据花卉种类而异，一般落叶花卉宜在早春或秋季进行压条，常绿花卉则适合在梅雨季节压条，总之，只要在生长季节，而不是休眠期进行压条，花卉的成活概率都很大。

家庭里阳台种植常用压条方法主要有两种，即盆压法和高压法。所谓盆压法，就是先将枝条埋入土中，用刀片划伤皮层，再将枝条弯曲埋入同一花盆或另一花盆的盆土中，让其生根发芽。而高压法则多用于枝条坚硬不能弯曲或较高的花木，像白玉兰、白兰花等，可先将枝条即将高压部分去皮，然后用塑料袋装满泥土固定去皮的树干上，待其长成新根后剪离母株，使之成为一棵新植株。

41

04

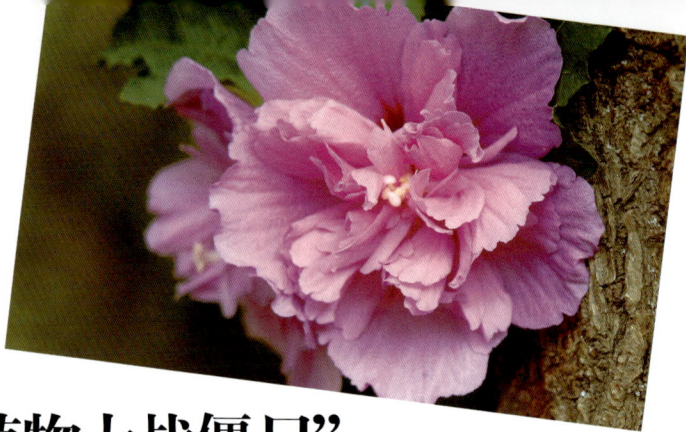

巧除病虫害，
轻松玩转"植物大战僵尸"

对打造无公害花园来说，花卉的病虫害防治，应坚持"预防为主，综合防治"的原则，因为只有"防患于未然"，才能将病虫害对花卉的伤害降至最低。

🌿 采取物理方式防虫害

🌸 A 环境改变法

居家养花的过程中，若能为花卉有目的地改变某些环境条件，让不利于花卉病虫害的环境消失，能有效避免或减少病虫害的发生，从而达到提高花卉产量和质量的目的。比如说在栽培花卉过程中合理施肥、科学浇水、及时除草等，都能在一定程度上减少病虫害骚扰。

所谓合理施肥，就是在使用有机肥时将其充分腐熟，并在使用前将其稀释或杀菌，以将肥料中病原物和害虫彻底杀死。而科学浇水，则应避免在花卉生长期采用喷淋式浇水，且浇水量和浇水时间要正确，应选在晴天上午浇水，浇水后又及时检查放风、排湿效果如何。另外，家养花卉多半采用盆栽方法养殖，盆土中营养也有限，如果再多出一些杂草与花卉争夺养分、阳光等，会让花卉"发育不良"，而且杂草还容易招来病菌和害虫繁殖或越冬，所以应及时清除。

✱ B 机械杀虫法

利用工具扑杀消灭病虫害的方式就叫做机械杀虫法，这种方法简便、有效。工人摘除虫卵、虫蛹、幼虫或成虫等属于其中一种方法，如在成虫发生期，利用某些害虫的假死性在清晨猛烈摇晃树枝，将其震落后扑杀即可。或是在花卉休眠期将带有虫卵和病斑的树皮刮去，然后集中烧毁，以防病虫害再"作乱"。

此外，在撒播花种前，将种子放在一定温度的水中浸泡数小时，可有效杀死种子表面和内部的病原物及其病虫害。不过这个浸泡温度要掌握好，一般以60℃的水温为底线，太高温度的水会影响种子的存活率。

最后，利用病虫害的"弱点"诱杀病虫也是物理除害方法之一，如利用成虫的趋光性，在灯罩上涂满杀虫药，打一场"飞虫扑灯、有去无回"的漂亮战。像毒蛾、夜蛾、枯叶蛾、天蛾等，用这种方法对付最有效。

在撒播花种前，将种子放在一定温度的水中浸泡数小时

🌿 采取化学方式防虫害

使用化学方式防虫害，虽然效果好、见效快、使用简单，但也极易污染环境，造成盆土板结。并且长期使用化学方式清除病虫害，容易让虫子产生抗药性，不过若能掌握些许化学方式除病虫害的规则，则能大大降低其带来的负面影响。

如正确选用农药种类。花园出现病虫害，不要慌不迭找药喷，而应对症下药。如对付各种花卉容易患的霜霉病，使用杀菌剂甲霜灵的效果最好，过度喷洒其他药物反而容易引发病虫害的抗药性。而杀虫剂抗蚜威，对绝大多数蚜虫具有不错的防治效果，但对棉蚜等害虫几乎无效，所以在选用农药杀虫前，最好能向药店咨询下，弄清所持药品针对的病虫害再下手。

另外，要充分了解病虫害的发生规律。通常来说，植株在生长的不同阶段，会产生不同的免疫力或遭致不同的虫害，且害虫自身在不同生长时期抗药性也不同，若能在害虫抗药性最差的时候将其歼灭，不仅能节约用药量，还能降低农药对花卉的损伤。一般害虫以出孵时抗药性最差，而在播种前若能用福尔马林将盆土消毒，能大大降低日后病虫害的侵袭。

第 二 章

花姿动人，42款年轻人最爱的人气盆花详解

草本花卉 最是那花开绚烂时

草本花卉有着比较高的观赏价值，虽然其木质部并不发达，支持力也比较弱，但是都不妨碍它开花后的灿烂姿态，看着这些盛开着的美丽花朵，你会觉得这是对生命最好的赞叹！

君子兰

· 易 · 养 · 指 · 数
★ ★ ★ ★ ★

君子兰属于石蒜科的多年生草本花卉，其根系非常的发达，叶片对生生长，可长至30～50厘米，花序呈伞状，里面有10～20朵小花朵。君子兰一般在冬春两季开花，尤以冬季居多，整个花期长达2个月。它的叶片苍翠有光泽，花朵向上像火炬一样，花色为橙红色，看起来有端庄大方之感，是非常适合室内种植的盆花。

"花"学课堂

➡ **宜栽领地** 南北方均可栽种。

➡ **美花档案**

🌡 **温度：**君子兰有"爱朝日，避夕阳，喜温暖，畏北寒"之说，最适宜的生长温度是18～22℃，如果环境温度低于5℃，或高于30℃，就会影响正常的生长。

湿度： 君子兰喜欢在半阴半湿润的环境下生长，通常情况下，春季应每天浇一次水，在夏季晴天的时候，一天应该浇两次，早晚还应用喷壶将叶片和周围地面一起喷一下，增加其湿润感，秋季每个星期浇两次水即可，冬季则一个星期一浇。

施肥： 君子兰喜欢肥沃疏松的土壤，因此，培土的底层一定要选择养分丰富的腐叶土。施肥要把握适当的原则，过多施肥不利于生长。在生长期，为了促进植株的生长，可以投放腐熟的饼肥、骨粉等废料；在孕蕾期，可以采取根外追肥的方法，双管齐下让花朵和果实变得肥大。

➡ **适宜人群** 有时间且有耐心的爱花人士。

乐活天地

芊芊家书房的君子兰

➡ **美花领地** 书房

➡ **开心栽培**

（1）刚买回君子兰时，我还挺喜欢的，可没过几天就厌倦了，觉得它长得特别没有个性，搁到书房了以后也很少管它。但是经过一段时间后，我发现它还是生长得不错，叶片油绿油绿的，看起来生气勃勃的样子，我开始喜欢它了。

叶片油绿油绿的！

（2）以前买花我都直接浇自来水，听说把自来水放两三天再浇水，对植株的生长更好，还能使水里的有害物质沉淀下来，我得勤快一点，试试这个方法。

（3）适当晒晒太阳。阳光对君子兰的生长非常重要，虽然君子兰喜欢的是散射光，但是偶尔我会把它抱到阳台上晒1～2小时的太阳，千万不要觉得这样很麻烦，这样可以让植株长得更加壮实，后期花儿颜色更加艳丽。

（4）小花苞含苞待放。眼瞅着在油绿的叶片中出现了一个小红点，原来是小花苞冒头了。为了让花苞长得更大一点，我将复合肥料的稀释液用喷壶喷到叶片上，通过叶片的表层渗透到植株全身。让植株营养充足，之后的花朵还能开放得更为顺利。

（5）看着完全盛开的君子兰，我有点舍不得。为了让花朵更持久，延长花期。我不得不关上了室内的暖气，因为降低温度和减少光照是延长花期的最好方法哦。就让君子兰的美丽姿态和迷人花香在书房中多留存一些日子吧。

丽格海棠

·易·养·指·数
★★★★☆

丽格海棠是多年生的草本植物，它的生命力较强，日常不需要太多的照料。如果是在北方种植，开花期一般是在冬春两季；如果是在南方种植，全年都可以欣赏到丽格海棠的花姿。

"花"学课堂

宜栽领地 全国各地均可种植。

美花档案

温度：丽格海棠最适宜的生长温度是18~22℃，在居家养护中只需注意高温和寒潮天气即可。当室温超过28℃时，就要采取相应的降温措施了，可以放入到有空调的房间，或适当地遮阴；而到寒冷的冬季，室内温度最好不要低于10℃。

湿度：丽格海棠喜欢湿润的环境，逢天气干燥时，要给叶面适当喷雾，增加环境的湿润度。盆土的湿度要适中，不能完全干透，也不能太过湿润；冬季浇水宜选在晴天的中午，否则水温太冷，反而会刺激到丽格海棠的根部，使其根部冻死。

施肥：对处于发育期的小苗，应尽量添加液体的氮肥，好让其尽快发育成形；随着植株的生长，就应适当投放磷肥和钾肥。

适宜人群 打理花卉不够勤奋的人。

49

乐活天地

乐乐家娇艳的丽格海棠花

➔ **美花领地** 向阳的窗边

➔ **开心栽培**

（1）丽格海棠花的美丽总是让乐乐十分的着迷，挑选了自己钟爱的颜色和植株后，乐乐就高高兴兴地把它们抱回了家中。虽然是观赏性的花卉，好看的花盆也很关键，到底要不要给它换盆呢？犹豫了许久，看着含苞的小花朵，还是套上花盆吧，以免影响到了之后花儿开放。

（2）浇水要细心。给丽格海棠浇水一定要轻轻拨开叶片，最好叶片上不要沾到水，一次要浇透。下次浇水要等表层土壤呈干燥状后再浇。

（3）经过一段时间的精心照料，乐乐的丽格海棠已经开花了。可是乐乐发现，这花总是不能持久，开了不过两天就会掉落下来。乐乐站在阳台上冥思苦想，突起的大风把花朵吹的摇摇晃晃的，顿时让她找到了答案。因为啊，海棠花的花茎比较脆弱，经不起风吹，开花后移至遮风的阳光充足的窗边欣赏更好。

（4）及时修剪残花。欣赏到了海棠花的美丽后，自然就要接受其凋谢后的模样。为了让之后的花朵开得更好，乐乐也只有狠心剪掉残花了。

凤梨花是凤梨科多年生草本植物，因其花期长、花蕊鲜红，故又名"鸿运当头"，是花卉中精品。凤梨花养护极其容易，它们的植株草茎丛生，叶片狭长如剑状，开出的花朵千姿百态，既热情又含蓄，具有很高的观赏性。

"花"学课堂

➡ **宜栽领地** 全国各地均可种植。

➡ **美花档案**

☀ **光照：** 凤梨花喜高温、湿润、半阴的环境，即便常年放在温暖明亮的室内养殖也不用担心会"闷"死。春秋早晚可以给予其半日照，夏天则避免直射光，冬天给予全日照。

🌡 **温度：** 凤梨花喜温暖湿润的环境，最佳生长温度是白天21～28℃，夜晚18～21℃，最高温度不能超过35℃，高温容易导致凤梨生长缓慢、叶片变色，或植株死亡等。

💧 **湿度：** 凤梨喜75%～85%的湿度环境，低于50%时会出现植株卷叶、卷曲现象。浇水时要使用晾晒2～3天的清水，且浇水要浇在植株的"杯"状植株中，不要直接浇到花盆的泥土中。

➡ **适宜人群** 喜欢种植潮流花卉的养花人。

凤梨花

·易·养·指·数
★★★★★

非洲菊

·易·养·指·数
★★★★☆

非洲菊原产于南非，又被称为"太阳花、星星菊"，它形态看起来就像是向日葵彩色的"缩小版"，属多年生的草本植物。在光线充足，温度适宜的情况下，可四季开花不断。因为其花色变化较为丰富，花形有单瓣、双瓣、细瓣等，看起来非常有特点。

"花"学课堂

→ **宜栽领地** 南北方均可种植。

→ **美花档案**

温度： 非洲菊最适宜的生长温度是20～25℃，属半耐寒性花卉；当环境温度低于10℃时，非洲菊就会停止生长，可以忍受短期零度的低温，但若时间过长还是要采取相应的越冬措施，如移至温室，或放到室内，套上塑料袋。

湿度： 夏季每3～4天浇一次水，冬季每半个月浇一次水即可。因为非洲菊喜欢干燥的环境，不建议用喷壶喷水增加湿度，特别是处于花期中时，花朵沾上水，特别容易发霉；而密生的叶片沾水则会引发病害。

施肥： 非洲菊是宿根花卉，对肥料的需求比较大，春季投放复合花肥的时，氮磷钾的比例依次为15:18:25，到了高温的夏季或冬季，建议停止施肥。

→ **适宜人群** 对"小向日葵"情有独钟的宠花人。

乐活天地

婷婷家的艳丽非洲菊

➡ **美花领地** 阳台

➡ **开心栽培**

（1）我喜欢很有生气的植株，但在市场上选购非洲菊时，尽量不要选已经开放的，可选含苞的，并且非常挺拔，看起来很有精神的植株，叶片茂密，小花苞越多越好。

（2）植株挑选完毕后，不建议立马换盆。因为此时非洲菊正带有花苞，马上换盆不仅会弄伤根须，还会让花儿在之后开放中因后劲不足而过早凋谢。这种情况下，可以直接套盆。等到植株进入休眠期再换盆换土。

（3）非洲菊是喜欢阳光的花卉，如果经常放置于室内，叶片会变得松散而不那么容易开花。在春季和冬季，宜保持全日照，帮助其正常生长，而到了盛夏则应适当地遮阴，并加强通风。

（4）非洲菊盛开后样子非常美丽，凋谢后花瓣会向下耷下来，这时一定要及时地进行修剪，连同花茎一起剪掉，以防花茎吸收其他花茎的营养，可以刺激植株抽出新的花茎。

（5）当盆内叶片越来越多时，找一个同等大小的花盆，在盆底加入一些培土，投放一些已经腐熟的长效肥料。然后再取出植株，从中间找到分株点，用剪刀剪开，然后放入到新的花盆中，稍稍埋根覆土即可。

花姿动人，42款年轻人最爱的人气盆花详解

53

·易·养·指·数
★★★☆☆

滴水观音属于天南星科的多年生草本植物，又被称为"滴水莲、海芋"，因为在生长状态好的情况下，叶片尖端或边沿处会滴水，同时开的花形似观音而得名。滴水观音的叶片比较大，蒸腾作用比较强，对室内空气有很好的净化作用，当家里的温度、湿度都比较适宜的时候，滴水观音就会从叶柄中心处抽出一枝花，看起来非常典雅高贵，不赶紧将既有观赏性、又兼具实用性滴水观音搬回家吧！

"花"学课堂

➔ 宜栽领地　室内均可栽种，南方潮湿的气候更为适宜，在北方栽种开花较少。

➔ 美花档案

温度： 滴水观音是热带植物，最适宜的生长温度是20～30℃之间，最低可耐8℃的低温。如果是在冬季，一定要做好越冬的准备，室内的温度不能低于5摄氏度，可以在室内开暖气，或者给滴水观音套上一个大的塑料袋，再戳几个洞，以防枝干冻伤。

湿度： 滴水观音特别喜湿，在春、夏、秋三季，不仅要保持土壤的潮湿，室内空气的湿度最好不要低于60%。

施肥： 在每年的1月和3月应给滴水观音追加一次液体肥料，可适当增加氮元素的比例，同时加入一些硫酸亚铁，同时也可以用腐叶土、泥炭土、河沙等饼肥作为营养土来给滴水观音施肥。

➔ 适宜人群　细心细致的勤快家伙。

乐活天地

陈南家的水培滴水观音

➜ **美花领地** 书桌上的水培玻璃罐中

➜ **开心栽培**

（1）无土栽培法，水培滴水观音很有韵味，栽培技术不复杂，只要选取植株在30～40厘米的滴水观音，放入一个外形像香炉一样的玻璃器皿中，把滴水观音的根部梳理好，加入适量清水就可以了。

（2）在水培的初期，一定要给予适量的散射光，避免阳光的直射，如果是夏季，7天左右就要换一次水，如果是冬天，15天左右就要换一次水，并且适当添加几滴营养液。

（3）水培滴水观音，讲究其观赏性、通透性。因此，在水培的过程中，如果玻璃器皿上生长了青苔，一定要及时清洗干净，以免青苔消耗了水中的氧气，影响了滴水观音的正常生长。

花经秘授

☆滴水观音的蒸腾作用较强，能往空气中散发很多水分保持空气湿润。但滴水观音汁液有毒，所以要防治滴入眼睛或误食。

乐活天地

丹丹家的惬意滴水观音

➡ 美花领地 客厅

➡ 开心栽培

（1）看看我们家刚买回来的滴水观音，绿意盎然，小叶子含在叶柄中等待着抽条，听卖花人说它开的花像观音一样，早上还有小水滴在叶尖滚落呢。

（2）抽条的叶柄越长越高，叶片在完全展开之后，过不了一周，叶片就会变软，看着好令人心疼，但是为了让其他的叶片长得更好，变软的叶片一定要及时剪掉。

（3）这几天居然发现在叶柄中心的部位有红蜘蛛，都把叶柄咬伤了。这可急死我了，按照专家说的好办法，我买了克螨灵，每天早晚用喷壶喷洒在上面，4天之后，红蜘蛛全部死光光了，哈哈，据说用高锰酸钾兑水，或者喷点洗衣粉水，也能获得不错的效果哦！

（4）哇！我的滴水观音居然开花了，绿绿的翠杆，椭圆形的花形，一片鹅黄色的花瓣，一枚金色的花蕊，看起来高贵极了，又有一种神圣的味道，这是我养滴水观音以来收获的最大快乐哦！

（5）我的滴水观音一共开出了2朵花，花儿相继开放败落之后，花茎底下还结出了一个大果实，有一天我在客厅看书的时候，突然听到一个声响，你猜怎么着，原来是果实炸开了，露出了里面红红的种子，真是有趣极了！

虎尾兰

·易·养·指·数
★★★★★

虎尾兰又名"虎皮兰",属多年生草本植物。虎尾兰叶片如长剑,坚硬刚力,原产热带非洲,具有令人吃惊的抗干旱和忍耐恶劣环境的能力,一般情况下很难将它养死。将虎尾兰放在家中养殖,它能帮助吸收家中甲醛,净化空气。

"花"学课堂

→ **宜栽领地** 全国各地均可种植。

→ **美花档案**

☀ **光照**：在虎尾兰生长期间,应给予适量散射光,不可将其长时间放在阴凉处或直射光下,否则其叶片会卷曲或褪色。

🌡 **温度**：虎尾兰最佳生长温度在18℃以上,在不低于10℃的环境中可安全越冬,成株会在每年1~2月开花。

🪴 **施肥**：虎尾兰春夏季节生长较快,此时应多浇一些有机液肥,到了晚秋和冬天,则可适量减少施肥量,以保持盆土略干为好。

→ **适宜人群** 没有过多时间打理花卉的人。

鸡冠花原产非洲，属一年生草本植物，多在夏秋季开花，因花朵多半为红色且形状酷似鸡冠而得名。鸡冠花常采用种子繁殖法，在其花朵盛开时采收晾干，待第二年春天播种栽种。鸡冠花繁殖能力强，花色众多，白色、红色、紫色、橙色等皆有，因此很受家庭花匠的欢迎。

"花"学课堂

➡ **宜栽领地** 南方。

➡ **美花档案**

🐷 **土壤：**鸡冠花喜欢阳光充足的环境，不耐霜冻，也不耐瘠薄，对土壤要求不严，但肥沃的土壤更利于其生长。

☀ **光照：**鸡冠花在生长期间要保持有充足的光照，如条件允许，可让其每天有至少4小时的直射光。

💧 **湿度：**鸡冠花种子萌芽比较缓慢，但在种子发芽后长至5厘米时可将其移植。注意移植时要保持盆土湿润，不可多浇水，以保证花色浓艳。

🪴 **施肥：**鸡冠花管理很方便，在生长期基本不用施肥，只在生长后期适当追加磷肥，即可使植株生长健康和花序硕大。

➡ **适宜人群** 喜欢艳丽花朵的养花人。

鸡冠花

·易·养·指·数
★★★★★

芦荟

· 易 · 养 · 指 · 数
★★★★★

芦荟属多年生常绿草本植物，易种易活，不仅具有美容护肤的作用，还能帮助清除二氧化硫、甲醛之类的有害气体。芦荟叶片肥厚，呈簇生状生长，花朵像麦穗，既可观其叶片，也可赏其花朵。

"花"学课堂

→ **宜栽领地** 南北方均可栽种。

→ **美花档案**

🐗 **土壤：** 芦荟的"风水宝地"要兼具松软、透气、保水等特点，纯沙土或纯黏土都不适合栽种芦荟，最好是能将沙土、黏土、有机腐殖质按2:1:1的比例调配成混合土。

☀ **光照：** 芦荟喜光，在阳光下会生长旺盛，但惧怕太过强烈的午后阳光，所以只要给予其适量散射光既可。

💧 **湿度：** 芦荟耐旱，所以浇水不用太勤，保持盆土湿润既可。但夏天要经常给叶片喷水，以保持芦荟叶片的肥厚饱满。

🌡 **温度：** 芦荟白天生长的最佳温度是25～28℃，夜间最佳生长温度为14～17℃。低温或高温都会不利芦荟生长。

→ **适宜人群** 追求叶片饱满的养花人。

矮牵牛

·易·养·指·数
★★★★☆

矮牵牛看起来像牵牛的"迷你版"，全年开花，常用于室内的盆栽。盆栽的矮牵牛花朵有大有小，花朵艳丽动人，小朵玲珑有致，花朵有白色、红色、紫色、粉色、蓝色、黄色等。

"花"学课堂

➜ **宜栽领地** 南北均可种植，在长江中下游地区生长尤其不错。

➜ **美花档案**

🌡 **温度：**由于是草本植物的关系，矮牵牛的耐寒性较差，它最适宜的生长温度是15～20℃，越冬的最低温不能低于4℃，夏季超过35℃时，要适量避阴。

💧 **湿度：**要遵循不干不浇、浇则浇透的原则，日常可以往盆花上喷水，但是喷洒时不要喷到花瓣上，应直接喷洒在植株上。因为矮牵牛花瓣较薄，喷洒的水珠落在花瓣上，会影响观赏效果。

🪴 **施肥：**在初次换盆后，可以勤施薄肥。如果矮牵牛生长出新的叶子，可以投放一些含氮的液肥。一般矮牵牛的花期一年有两次，分别是5月和10月，正值花期的时候，可以每两周投放一次液体复合花肥，增加新花苞的产生。

➜ **适宜人群** 喜欢小碎花，爱DIY插花的勤快人士。

乐活天地

胖胖家中盛放的矮牵牛

➡ **美花领地** 书房的茶几上

➡ **开心栽培**

（1）一月、七月播种正当时，而我从小就很喜欢牵牛花，所以当我在花市上看到了矮牵牛的种子时，就忍不住买了两包，听老板说这小花不像牵牛花还需要爬藤子，可以直接盆栽。刚好现在处于夏季，温度不错，养得好的话过两个月就能开花了。

（2）种子不需覆土。回家后先倒腾后培土，用普通土壤、腐叶土、小细沙就组成了矮牵牛的培土，然后把购买的两包种子都分散倒进去了，轻轻压了一下，没有完全埋在培土里面。

（3）等了7天之后，我的矮牵牛是发芽了，长出了一片小嫩叶，这时候阳光的照射很重要啊，只有光照充足，矮牵牛才能逐渐长起来，叶片才会平展。

（4）花苞初现。现在矮牵牛的茎叶长得越来越繁茂，好像茎叶的头顶上有个小红点，凑近一看，我的花儿还真挺争气的，现在都已经长出了小花蕾了。

（5）花期施肥非常关键。看着矮牵牛开花了，心里觉得高兴极了，听说这时候一定要注意添加液肥，否则养分不足，花期就有可能缩短。

朱顶红

·易·养·指·数
★★★★☆

朱顶红是石蒜科的多年生草本植物，又被称为"百枝莲、孤挺花"，其花期为每年的4～6月。朱顶红的花形与百合有点相似，但是颜色却比百合花靓丽不少，有玫红、鲜红色、深红色、橙色等。

"花"学课堂

➔ **宜栽领地** 全国各地均可种植，在北方冬天要移至室内。

➔ **美花档案**

温度： 朱顶红最佳的生长温度是18～25℃，夏季最高温不能超过32℃，环境温度过高就要及时移至室内，或放于阴凉处；冬季越冬温度不能低于5℃，不然就会进入到休眠期。

湿度： 一般的室内空气湿度便可生长无恙，太湿或者太干都会对植株的生长不利。土壤要保持湿润，浇水一定要浇透，不能聚集在盆底，以防根须腐烂。

施肥： 朱顶红非常喜欢肥料，在生长期最好能每半个月施肥一次；待到花期时，则要停止施肥；等到花期结束时，还要继续施肥，肥料要以磷肥和钾肥为主；每年最好能换盆一次，换盆时可以添加一些过磷酸钙作为基肥。

➔ **适宜人群** 喜欢大型花朵、喜爱艳丽花色的爱花者。

百合花

·易·养·指·数
★★★★☆

百合花属于多年生球根的草本植物，它的花姿非常优美，花色浓淡有致，很有亲和力，香味清清甜甜，让人流连忘返。它的花期是每年的4～10月，百合还有着"百事合心"吉祥寓意，是美好、优雅、尊贵的象征，非常受女性朋友的喜欢。室内种植百合最好放在走廊、入户花园等地，而不要选择在卧室，以免影响到正常睡眠。

"花"学课堂

⊙ **宜栽领地** 适合种植在南方温带等地方，在北方的温室也可成活开花。

⊙ **美花档案**

温度： 百合比较喜欢在温暖湿润、阳光充足的环境下生长，有一定的耐寒性。最适合的生长温度是15～25℃，当环境温度超过30℃时，则会生长不良，正常开花也会受到影响；当温度低于10℃时，则会出现生长缓慢的情况。

湿度： 百合虽然喜欢湿润，但是湿度太大依然也会受不了。盆栽种植百合时，最好用温润的水来栽培，这样有利于茎叶的生长，要保证每次都浇透水，避免排水不畅，而让百合的鳞茎出现腐烂的情况。具体来说，浇水要根据植株的生长程度逐渐增加，在花期要供水充足，花后要逐渐减少水量，休眠期要停止浇水。

施肥： 在催芽期可以在土壤中添加木屑；在生长期可以盆内添加专用的复合肥料或钾肥；在开花期可以添加磷肥，让花形更大花色更艳。

⊙ **适宜人群** 兴致清雅的爱花人。

乐活天地

念念家清雅的盆栽百合

➡ **美花领地** 阳台

➡ **开心栽培**

（1）盆栽的品种要根据环境而定。选购盆栽的百合，宜选择植株高度适中，株形看起来非常圆润饱满的，叶片间距较短，枝叶密集，下部枝叶较为细长密集的为佳。

（2）优质盆土利于生长。要想百合后期生长不错，植株换盆时，除了要进行改土，改善土壤的营养成分，对盆土进行消毒也非常关键。最常用的就是太阳消毒法，可以提前将培土放在花盆中，然后用保鲜膜覆盖好，放在太阳底下照射，这样能够有效避免后期植株生病。

（3）入盆必须均匀浇透水。在整个生长阶段还应保持表层土壤的湿润，当空气比较干燥时，还应适时给植株喷水，保持其湿润感，随着植株苗杆的逐渐生长，过不了多久就会到达百合的孕蕾期。

（4）增加花朵的保鲜度。不同品种的百合花期都不一样，当百合开花后，最好能移至室内欣赏，这样能增加花朵的保鲜度，预防花儿被晒坏，在照顾良好的情况下，百合花朵能保持2周不蔫。

风信子

·易·养·指·数
★★★★☆

风信子是一种原产于地中海的多年生草本植物，在花语中象征着重生的爱情。它花香清幽，通常在一个球根上会长出1～2个花茎，每个花茎上会开放出20～30朵像漏斗形的小花，风信子的花色非常丰富，有红色、蓝色、白色等。

"花"学课堂

→ **宜栽领地** 全国各地均可种植。

→ **美花档案**

温度： 风信子的鳞茎是在2～6℃的情况下根系才能发育完好，在鳞茎发芽阶段需要的温度是5～10℃；叶片的生长温度是10～12℃。现蕾开花期的最佳温度是15～18℃，而储藏鳞茎的最佳温度则是25℃。

湿度： 风信子喜欢在温暖并且湿润的环境中生长，浇水时一定要等土壤完全干透了才能浇水，如果是采用水培的方法种植风信子，要注意不要让水把根须完全淹没，要保留一部分根系在空气中透气。

施肥： 风信子的球茎含有生长期充足的养分，一般不需要特别追肥，只需在幼苗出土前，添加一次磷肥、钾肥即可。

→ **适宜人群** 喜欢球茎草本花卉的勤快人士。

乐活天地

可可家水培的风信子

→ **美花领地** 书房

→ **开心栽培**

（1）挑选好健壮的种球后，可以在12月份左右将其放入有隔层的玻璃容器中，水接触到球茎便可。然后将整个容器放到阴暗的地方，并用黑布遮盖一下，这样不出20天，根须就会全部长出来。

（2）等到根须长到长达10厘米时，就可以让水培的风信子接受阳光的照射了，刚开始的时候，每天接受1～2小时的光照就可以了，之后逐渐增加，慢慢变成一天接受7～8小时的光照。光照太弱会导致风信子植株瘦弱，茎太长，花苞小，且花朵易早谢。

（3）尽量将风信子生活的温度控制在15～20℃，因为温度过高容易导致花芽分化受抑制，增加盲花率，而温度过低又会让花芽受到冻害。待温度逐渐上升之时，看到小花茎时，可以在水里添加少量的液体磷肥，帮助其生长，当花朵绽放后，可以完全移至室内，让花期延长。

白鹤芋又名苞叶芋、白掌、一帆风顺，属天南星科草本花卉。白鹤芋植株叶片翠绿，花朵洁白幽香，是十分纯净的居家花卉。白鹤芋除了长相讨人喜欢，还能有效对付室内废气，吸收氨气、甲醛的功夫了得，因而也更受养花人的青睐。

"花"学课堂

→ **宜栽领地**　全国均可栽种。

→ **美花档案**

土壤：白鹤芋盆栽时要求土壤疏松、排水和通气性好，一般可用腐叶土、泥炭土及珍珠岩等混合而成的培养土来栽种白鹤芋。

光照：白鹤芋喜光，但却惧怕强光照射，因此，常需遮光73%左右，在夏季甚至遮光时间更长，只给予其适量散射光照射即可。

施肥：白鹤芋对镁元素需求量比其他花卉要高很多，如果镁元素供应不足，会导致叶片枯黄。因此应周期性对植株喷洒硫酸镁、硝酸镁等含有镁元素的肥料。

→ **适宜人群**　喜欢素雅清香花朵的养花人。

白鹤芋

·易·养·指·数
★★★★☆

火鹤花

·易·养·指·数

★★★★☆

火鹤花又被称为红掌、花烛，属于南天星科的多年生草本植物，花期多在2～7月，但如果温度适宜可常年开花。火鹤花形状有心形、尖形、匙形等，不过不要被它火红的叶片"忽悠了"，要知道从花形中直挺出的一只小玉米棒形状的直条，才是火鹤花的真正花朵。在日常的照料中，火鹤花不需要花太多的心思，即便是放在室内，也能正常开花。

"花"学课堂

➔ **宜栽领地** 不限地域，南北方均可种植。

➔ **美花档案**

🌡 **温度：** 最佳的生长温度是22℃以上，夏季超过30℃就要适当做降温处理，否则会引起叶腐病；不耐低温，冬季室内温度不能低于8℃。

💧 **湿度：** 火鹤花喜欢在湿润的环境中生长，空气湿度宜保持在80%左右，日常可以在中午之前向其叶片上喷水，增加湿润度，有利于叶片的生长，喷洒时不要喷洒到花瓣上。

📱 **施肥：** 5～9月是火鹤花的生长旺季，在这个阶段建议每半月施肥一次，以已经腐熟的有机质肥液为主。

➔ **适宜人群** 喜欢室内花卉的爱花人。

乐活天地

亮亮家中挺立的火鹤花

→ **美花领地** 阳台

→ **开心栽培**

（1）我购买的是已经成形的火鹤花，植株健康，且叶片完好无损，植株上还带有花苞，这些可都是挑选火鹤花的秘籍。火鹤花生命力强，回家后可直接换盆，增强其美观性，换盆后底部还应添加少量的腐叶土和动物骨粉。

（2）在生长旺季，除要保持正常的浇水量，让盆土的干湿相当外，还需准备一个小喷壶，时不时对叶面和周围环境喷点水，帮助增强空气湿度，让叶片生长更好。

（3）待火鹤花凋谢后，中间的花序会先变黑，这种情况下，要将整枝花茎都剪掉，一来有利于观赏性，二来有利于新花枝的抽条。平时如果出现了老化的枯叶也要及时修剪。

（4）如果盆栽旁边生长出了小侧芽，可以静待其成长，等它逐渐长大后，找到分株的地方，然后将其移植到新的花盆中，栽种时，需将土壤压紧，以免出现火鹤花站不稳的状况。

（5）火鹤花花朵盛开后，会有散落的白色花粉出现，此时若用干燥的毛笔沾上花粉进行人工授粉，就可促进受精结子，留待下年耕种。

71

菊花

·易·养·指·数

★★★★☆

菊花是我国传统的十大名花之一，属于一种多年生的草本植物，花期在每年的10月至来年的4月。盆栽的大花品种，开花后看起来风姿绰约，色彩瑰丽，让人忍不住赞叹它的美丽。

"花"学课堂

宜栽领地 全国各地均可种植。

美花档案

温度： 菊花最适宜的生长温度是18～21℃，当环境温度超过30℃时，就应当移至室内或阴凉处；有较强的耐寒性，能够适应短期的零度以下的低温。

湿度： 菊花喜凉爽，不喜欢潮湿，日常种植只需满足基本的水分即可，不需要喷洒水雾增加湿度，碰到下雨的天气，还需将菊花移至室内，并倾倒出盆底聚集的多余水分，不然菊花就会烂根直接死亡。

日照： 日照有促使菊花提前开花和抑制其生长的作用，在天气晴朗的日子里，对菊花进行10小时遮光长日照，直至其花蕾现色时停止遮光即可让其提前开花。但在阴天，应将日照时间延长至14小时，可有效控制菊花花芽分化，从而延长赏花时期。

施肥： 盆栽的菊花需根据所购买的品种来酌量施肥，如果是大花品种，在开花期不需要施肥，只需在开花期前两个月投放长效的复合肥料即可；若是多花品种，则需每两周投放一次液体花肥，花期过后投放一次长效肥料就可以了。

适宜人群 喜花瓣多，且对花形种类挑剔的爱花人。

乐活天地

姗姗家傲立的菊花

➡ **美花领地** 阳台

➡ **开心栽培**

（1）听说菊花有着长寿的象征，于是决定购买一株好好栽培下，等到开花时再给爷爷送去贺寿。来花市前，我可做了一番功课，盆栽菊花可以选择株型矮壮、花大色艳的多花品种，寻寻觅觅，终于看到一盆花苞最多、植株最结实的菊花，没错，就是它了。

（2）抱回菊花后，小心翼翼地放入到好看的套盆中，用手捏了捏土壤，好像还挺湿润的，先不忙着浇水了，放到光线充足的阳台上养几天再看看。

（3）菊花的长势好像还挺不错的，表面的培土也有一点发干了，这次要浇透水了。给菊花浇水要轻手轻脚，先拨开叶片，用长嘴壶将水都浇灌在土壤里面，一丁点都不要沾到叶片和花朵上。

（4）在我的细心照顾下，菊花呈现出了要开花的态势，但是只有一朵有这个征兆，观察几天后，陆陆续续的就三四朵都开放了，老妈高兴极了，连忙找到细竹竿将植株一一固定起来，以防花茎承受不了花的重量，然后将花高高兴兴捧起准备送给爷爷了。

报春花是多年生的草本植物，又被称为"年景花""报春草"，它的花期在每年的12月至来年的4月。报春花是我国山野的三大名花之一，其伞形的花序，丰富的花色，全身植株的白色绒毛，看起来也别有一番韵味，目前已经逐渐走进了寻常百姓家，成为很多爱花者比较喜欢的室内盆栽花卉之一。

"花"学课堂

⟶ **宜栽领地** 全国各地均可种植。

⟶ **美花档案**

🌡 **温度**：报春花的耐寒性和耐热性都比较差，最适宜的生长温度是15～18℃。如果环境温度超过了25℃，花芽率就会明显下降，所以此花不适合在盛夏时节播种，冬季的最低温度不宜低于0℃。

💧 **湿度**：报春花喜欢温暖并且通风良好的环境，对空气的湿度要求不高，环境温度在50%左右便可。盆内土壤要见干见湿，浇水一定要浇透，避免盆内积水。

🌱 **施肥**：在生长期应每10天就投放氮肥进行追肥；而到了孕蕾期就应该投放以磷肥为主的液肥2～3次；在开花期减少施肥量，当花谢后要完全停止施肥。

⟶ **适宜人群** 勤快且细心的人。

报春花

·易·养·指·数
★★★★★

乐活天地

阿杰家中喜庆的报春花

➜ **美花领地** 客厅

➜ **开心栽培**

（1）新春将至，家中哪能少了报春花的踪影。于是和老公一起去花市上买来植株强健的的报春花，直接套盆后就摆放在了客厅里面，家人看着都甚是喜欢。

（2）报春花施肥要注意。到了孕蕾期时，应预备追加适量的液体磷肥。我看了看土壤刚好是干燥的，这种情况最有利于施肥，肥料也能完全被植株所吸收。在施肥时也千万不要沾染到叶片，或者施肥完后，用喷壶在叶片上少量喷水。

（3）遮阴生长花儿更艳丽。与其他花卉所不同的是，报春花是喜阴的植物，即便到了花期都要适当地庇荫，最好能移到室内种植，只给散射光照射，这样可以保证花色的鲜艳度。

（4）报春花谢了之后，要及时剪除残花，并施以薄肥，可以帮助新的花枝抽条，让之后的花朵更大。

丽叶斑纹竹芋属多年生常绿草本植物，植株可高达90厘米左右，叶片宽阔向上挺立，叶缘处具有波浪齿状，叶面则呈黄绿色并仿佛镶有绿色的斑条。丽叶斑纹竹芋上的斑条摸起来很有凹凸感，看上去很有立体感，十分有趣，因此深受养花人的喜爱。

"花"学课堂

→ **宜栽领地** 多在南方栽种。

→ **美花档案**

温度： 丽叶斑纹竹芋对温度条件很苛刻，喜温暖的环境，3月生长适温为15～24℃，9月份则为13～18℃，冬天低于7℃或盛夏超过35℃都会影响其生长。

光照： 丽叶斑纹竹芋很耐阴，但也不能长年累月将其放在阴暗环境中，否则会导致叶片暗淡无光，可适量给予其散射光。

湿度： 丽叶斑纹竹芋喜欢湿润通风的环境，生长期间应每天浇水，以保持盆土湿润。待其抽新叶时，还应经常对其叶片和叶片周围的空气中喷水。

→ **适宜人群** 追求叶片饱满的养花人。

丽叶斑纹竹芋

·易·养·指·数
★★★★☆

文竹

· 易 · 养 · 指 · 数
★★★★★

文竹又称"云片松"，属多年生百合科草本植物。文竹寓意"文雅之竹"，深受花友所喜爱。但其实文竹不是竹，只是因它叶片轻柔，常年翠绿，枝干又仿佛竹子样节节攀升，因而得名文竹。文竹植株很优雅，最佳观赏年龄是其生长的前三年，在这之后即便叶片不似从前枝繁叶茂，但也别具形态之美。

"花"学课堂

→ **宜栽领地** 南北方均可栽种。

→ **美花档案**

🐛 **土壤：**文竹适合在温润、富含腐殖质、排水性良好的土壤中种植。文竹惧怕烟尘，若遭遇有毒气体会出现枝叶变黄的现象。

☀ **光照：**文竹喜阴凉通风处，经不起风吹雨打，也不耐太阳暴晒。盆栽时，可适当给予其散射光，多半时间置于荫凉处。

💧 **湿度：**文竹不耐涝，如果浇水过多或排水不良，会使得文竹叶片变得焦黄且脱落，影响寿命。浇水时刻遵循"盆土不干不浇水"的原则进行。

→ **适宜人群** 追求植株轻盈独特的养花人。

风铃草

·易·养·指·数

★★★★☆

风铃草是种多年生草本植物，其花朵就像远远悬挂在高处的风铃。花期是每年的11月至来年的3月。风铃草一般有两种，一种是粉色或粉紫色的盆栽风铃花；另一种是天蓝色迷你垂吊风铃花。

"花"学课堂

➡ **宜栽领地** 南北方均可种植。

➡ **美花档案**

🌡 **温度：** 风铃草最适合在10～15℃的温度下生长，当冬季温度低于5℃时，植株就会进入到低温休眠状态；遇到炎热的夏季时，温度过高，植株很容易枯死。

💧 **湿度：** 喜欢在凉爽的环境下生长，如果是在发芽期土壤应相对要湿润一点，以免子叶出现干瘪的情况，如果有必要，还应在植株上喷洒水分保湿。

☀ **日照：** 生长期需要充足的阳光，如果放到室内花朵就会凋谢，长势也会变慢；即便是在植株休眠期，也应给予适当的光照。

🧴 **施肥：** 风铃草的生长需充足的肥料，在有条件的情况下，最好能每两周投放一次复合花肥。如果肥料投放不足，就会降低之后开花的机会和花朵的数量。

➡ **适宜人群** 喜欢球茎草本花卉的勤快人士。

荷包花

·易·养·指·数
★★★★★

荷包花是多年生的草本植物，因其花朵的形状像一个小荷包而得名，花期在每年的12月至来年的3月。荷包花的花色一般呈鹅黄色，上面有红色的小斑点，加上它的花期在新春之际，模样看起来非常讨喜，有"钱包满满"的意味。

"花"学课堂

➔ **宜栽领地** 南北方均可种植。

➔ **美花档案**

🌡 **温度：**荷包花最适宜的生长温度是13～17℃，它既怕热，又怕冷。如果环境温度超过25℃，荷包花就会不开花；冬季温度低于5℃以下时，如不注意就会被冻死。

💧 **湿度：**荷包花喜欢在适度适中，通风良好的环境中生长。日常浇水宁少不宜多，浇水时，可以观察一下培土的表面是否干燥，或者用手掂量下花盆，如果感觉变轻了，就浇点水，并且浇透。

🧴 **施肥：**可以在开花期的前两个月添加长效肥料，以让花朵个头更大，颜色更艳丽；而开花期是生长的最高峰，不需要额外添加肥料。

➔ **适宜人群** 喜欢袋状花卉的爱花人。

大花蕙兰

·易·养·指·数
★★★★☆

大花蕙兰叶片非常的细长，呈碧绿色，花姿脱离了兰花的小家碧玉之感，而显现处一种豪放的姿态，看起来很壮观，同时又不失典雅的美态。花期一般可从10月份到来年的4月份。

"花"学课堂

➔ **宜栽领地** 适合种植在南方，在北方的温室也可成活开花。

➔ **美花档案**

🌡 **温度：** 最适宜的生长温度是10～25℃，夜间的温度在10℃左右为佳，到了花期，如果能将环境温度控制在5℃以上、15℃以下，可以保证其花期在3个月以上。

💧 **湿度：** 大花蕙兰喜温喜湿，同时喜欢阳光照射，摆放在室内时，湿度控制在60%～80%左右即可，一定要放到通风的地方，否则就会患上病害。土壤做到见干见湿，不干不浇水，浇水则要浇透。

🧴 **施肥：** 大花蕙兰较普通兰花喜肥，且植株大，胃口也大，特别是孕蕾期需要放足肥料。在生长期可以按照氮磷钾1：1：1的比率追肥；在催花期可以按照1：2：3的比率追肥，液肥的酸碱度要保持在5～6之间。

➔ **适宜人群** 喜爱兰花的勤快家伙，性别不限。

花姿动人，42款年轻人最爱的人气盆花详解

81

乐活天地

君君家的大花蕙兰

➔ **美花领地** 室内

➔ **开心栽培**

（1）因为大花蕙兰生长周期较慢，从培苗到开花需要3~4年的生长周期，建议直接购买带有花苞的植株，尽量挑选2~3年的苗子，每苗留两个子球。

（2）回家后不需要换盆，也不需要施肥，只需照顾好水分和光照即可。

（3）温度很重要。温度对花期的影响非常大，如果不注意调控，尤其是温差过大，就会导致大花蕙兰直接落蕾；如果想要花儿在春节期间开放，建议将室温控制在10~15℃，在这种温度下不仅叶片油绿有光泽，花苞也会顺势开放。

（4）留住花苞需降温。如果想让大花蕙兰的花期变长，可以适当将室温调至8℃左右，每三天浇一次水；需要注意的是，开花后室温绝对不能超过18℃，否则花苞就容易发黄脱落，整株花期都会直接缩短，观赏性也会减弱。

蝴蝶兰是著名的切花品种，因为其花朵的形状像蝴蝶一样而得名，其花姿非常的优美，颜色也非常的靓丽，有着"兰中皇后"的美誉。蝴蝶兰的花期一般在2～3月。居家种植可以放在茶几、沙发边桌上摆设，待到开花时，会给室内带来一种华丽而雅致的气息。

"花"学课堂

→ **宜栽领地** 南北方均可种植。

→ **美花档案**

🌡 **温度：** 蝴蝶兰最适宜的生长温度是15～23℃，即便是冬天，室内的温度也不能低于15度。

💧 **湿度：** 蝴蝶兰喜欢高湿度的环境下生长，因此室内湿度最好能控制在80%左右。

☀ **阳光：** 蝴蝶兰喜欢在散射光、半阴的情况下生长，夏季要忌阳光直射，春季时要能移至阳光处每天晒1～2小时，以免其生长缓慢，影响正常的花期。

🧴 **施肥：** 蝴蝶兰是喜肥的植物，在春夏生长期最好能每10天添加一次液体复合肥料。

→ **适宜人群** 对栽培花卉非常有耐心的种花人。

蝴蝶兰

· 易 · 养 · 指 · 数
★★★★☆

金盏花

金盏花又被称为"金盏菊",是多年生的草本植物,原产于地中海沿岸。通常金盏花的植株比较低矮,花朵挨得比较紧密,花色比较多,有红色、黄色、橙色、白色等,盛开后颜色比较鲜艳夺目,花期在每年的4~9月,是早春花卉中的主角之一,也是目前比较受人喜欢的室内盆栽。

"花"学课堂

⊙ **宜栽领地** 全国各地均可种植。

⊙ **美花档案**

🌡 **温度:** 金盏花最适宜的生长温度是7~20℃,如果是幼苗冬季还能承受-9℃的低温,一般成年的植株可以承受0℃的低温,经过冬季之后,随着气温的上升,金盏花会徒长,待到15℃后,金盏花会进入到花期。

💧 **湿度:** 环境湿度宜控制在在60%左右,湿度过高植株就容易遭受病害,这时最好能增加环境的通风来减弱。处于幼苗期的金盏花比较喜欢湿润,在湿润的环境中有利于茎叶的生长;成年的植株土壤以稍干为佳,以免在冬季引发枝叶的徒长,而造成花苞开放不足。

🪴 **施肥:** 在生长期应该做到每半个月施复合肥料一次,只有肥料充足,金盏花才能开得花多,并且花形也较大,否则花朵就开得比较小,花谢得也较快。

⊙ **适宜人群** 喜欢葵形花朵的勤劳爱花人。

木本花卉　气宇轩昂常年美丽

　　木本花卉的木质部比较发达，生命力比较顽强，大多品种都比较好栽培。待到花开之时，在苍劲的枝条中涌现的美丽花朵给人以一种非常大气的感觉，让人不敢小觑，这也是很多人喜欢木本花卉的缘由。

茉莉花

·易·养·指·数

★★★★★

　　茉莉花属于常绿的小灌木，是最被国人所熟知的芳香型花卉之一，它外形美丽，花色洁白，香味清幽，作为盆栽点缀在室内能够改善空间的环境，还有着"一卉能熏一室香"的说法。通常茉莉花的花期是在初夏，但是只要养护得当，室内盆栽养护茉莉花一年也可以开三次花，整个花期从5月一直持续到11月初。

"花"学课堂

➜ **宜栽领地**　全国各地均可种植，一般含苞的盆栽在初夏上市。

➜ **美花档案**

　🌡 **温度：** 茉莉花对温度比较敏感，能够适应高温，但是耐寒性比较差。最适合的生长温度是25～35℃之间，当温度低于10℃以下时，茉莉花会进入到休眠期停止生长，如果不加以御寒保护，轻则会出现部分枝条枯萎的现象，重则整个植株都会枯萎而死亡。因此，到了冬天，最好能将茉莉花移至有暖气的室内，或者给它套上一个塑料袋，避免被冻死。

湿度：茉莉花喜欢土壤湿润，但是又怕盆内有积水，因此，日常养护的过程中，浇水也不要太频繁，见干见湿为佳。如果培土干燥了，要一次浇透。

施肥：茉莉花是比较喜肥的花卉，在养护中施肥要按照其生长规律合理施肥。当温度超过35℃，或者进入冬季时，就应完全停止施肥。到了生长期的时候，应保证合理并且充足的养分，投放比例均匀的氮、磷、钾肥。尤其是在孕育花蕾的时期，应适当添加磷钾肥，可以让植株形成更多的花芽。

→ **适宜人群** 爱好小花朵之人。

乐活天地

念琛家清香怡人的茉莉花

→ **美花领地** 阳台或客厅

→ **开心栽培**

（1）琛琛是茉莉花的狂热粉丝，对盆栽种植茉莉花有着自己独到的经验，在他的精心打理下，他们家的

清香怡人的茉莉花！

1

茉莉花不仅花姿迷人，同时还出现了花期长达5个月的盛况。到底他是怎么栽培茉莉花的呢？

（2）6月要促发芽。通常在6月上旬的时候，茉莉花会逐渐出现开早花的情形。这个时候可不要为了赏花而变得懒惰起来。应当适时摘花，具体来讲，就是连同花苞摘去刚冒头的嫩枝干，这样做的目的是为了促进更多新枝的萌发，让枝叶长得更加茂盛。同时还应该适量添加含有磷的液体肥料。

（3）增加液肥的投入量。到了6月底和7月初之间，是茉莉花怒放的第一个阶段，这时应少量多次在傍晚的时候添加液肥，做到肥水的比率在1:4，这样能够保证茉莉花在7月下旬的时候，不会凋谢，而且花朵会变得又多又大。

（4）8月上旬肥料变浓。这个时期是茉莉花的第二个花期，较之前面一个阶段，液肥的比率应有所增加，做到肥水的比率在1:2。同时为了让茉莉花开花变得更好，应在叶面上用喷壶喷洒磷酸钾溶液。需注意的是，到了8月下旬的时候，应逐步减少施肥，一个星期一次即可，浇水要保持两天一次。

（5）9~10月停止施肥。这个阶段会形成第三个花期，加上气温逐渐变冷，花蕾的形成没有之前那么快，这时施肥和浇水都要减少，保持略为潮湿便可。

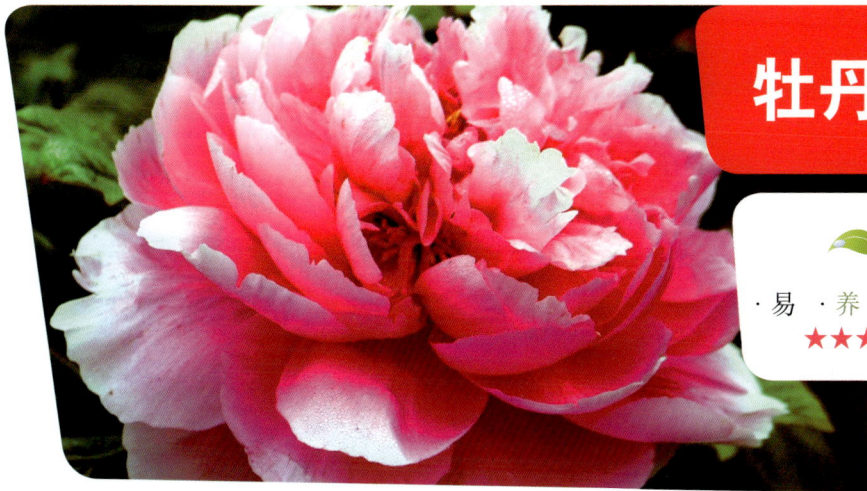

牡丹花

·易·养·指·数
★★★★★

牡丹是多年生的观赏性花卉，花朵雍容华贵、富丽堂皇，花香浓郁，有着"国色天香、花中之王"的美称。牡丹的花期一般在4月底5月初，在室内种植牡丹花还有着"富贵吉祥、好运当头"的美好寓意。

"花"学课堂

➡ **宜栽领地** 全国各地均可种植，其中华中、华东地区尤其适合种植牡丹。

➡ **美花档案**

🌡 **温度：** 牡丹花的耐寒性较强，但是耐热性较差，最适宜的生长温度是15～20℃。

💧 **湿度：** 因为牡丹是深性的肉质根，盆底尤其不能长期积水，平时浇水不宜多，保持培土宜干不宜湿为佳。建议在入冬前浇一次水，保证其安全过冬。

🪴 **施肥：** 牡丹是非常重视肥料的花卉，在种植牡丹前一定要保证肥料的充足，基肥可以用堆肥和饼肥来添加。

➡ **适宜人群** 喜爱大花朵之人。

89

乐活天地

陈宁家华贵的牡丹花

➡ **美花领地** 室内客厅

➡ **开心栽培**

（1）盆土选择很重要。牡丹花盆栽一般选用立筒盆，材质以素烧的泥盆和瓦缸为佳，如果将牡丹花作为室内装饰用，还可以选择档次比较高的紫砂盆。不管最后选择什么样的材料，盆栽牡丹盆深宜在40~60厘米。

（2）选择盆栽牡丹有讲究。牡丹种类很多，一般用于盆栽的牡丹，可以从植株、根须、叶片、花形等方面选购，挑选植株比较矮，株形比较紧凑的；根系宜短不宜长，须根较多为佳；牡丹的叶片要选择中型大小的，叶厚为佳，表面要有革质样的纹路；花形以蔷薇型、菊花型、皇冠型为佳。

（3）适当修剪再浇水。上盆前最好将牡丹花的植株放在阴凉处晾1~2天，这样做是为了避免根须太脆而折断；晾好后，需修剪一下，首先剪去长根、枯根、病根，然后将映掉的枝叶减掉。在有条件的情况下，可以将根须放入到植物除虫叶中浸泡一下，预防病虫的侵害，然后再上盆，浇透水一次。

（4）夏秋两季要避阴。牡丹不耐热也不耐湿，这两季要做好培土的排水工作，预防烂根，阳光较大时，需放到通风环境不错的室内遮阴。

富贵竹又名"万寿竹""开运竹"等，属多年生常绿灌木，植株可高达2.5米以上。富贵竹形态酷似翠竹，观赏价值高，可盆栽，也可瓶插水养，生长强健，生命力旺盛，且繁殖能力强，很容易管理，并具有"大吉大利"之意，因而颇受养花人的青睐。

"花"学课堂

→ **宜栽领地** 全国各地均可种植。

→ **美花档案**

土壤： 富贵竹性喜阴湿的环境，耐阴、耐肥、抗寒能力强，适合生长在排水良好的砂土或半泥沙的土壤中。

温度： 富贵竹最适宜生长温度为20～28℃，可耐2℃左右的低温，所以冬天要做好保暖措施防霜冻。

光照： 富贵竹对光照要求不严，适合在明亮散射光下生长，所以夏天要记得遮阴。光照太强或暴晒易引发叶片变黄、生长缓慢等状况。

湿度： 在生长季节要注意保持土壤湿润，并经常向叶片表面和植株周围喷水，以增加空气湿度。

→ **适宜人群** 喜欢观叶植物的养花人。

富贵竹

·易·养·指·数
★★★★★

树马齿苋

· 易 · 养 · 指 · 数

★★★★★

树马齿苋又名"绿叶树、金枝玉叶"等，属多年生常绿肉质灌木，在阳光充足的情况下生长成紫红色，在光照不佳时则长成绿色。树马齿苋叶片呈倒卵状三角形，叶片肥厚有光泽，虽说也会开花，但多半以观叶为主，常在家庭中做吊盆栽种。

"花"学课堂

➜ **宜栽领地** 全国各地均可种植。

➜ **美花档案**

🐾 **土壤：** 盆栽树马齿苋最好选用2/3的腐叶土和1/3的园土混合，并加入少量河砂，盆底再垫上些许碎石或瓦片，既保证盆土营养又利于排水。

🌡 **温度：** 树马齿苋生长适温为15~25℃，越冬温度应保持在7℃以上，低于5℃就会受冻害。入夏时则应将树马齿苋放在遮阴处。

☀ **光照：** 树马齿苋生长很快，在生长期应给予其充足的光照，若长期将其放在阴凉处会导致茎干徒长、分枝不规则的现象。

✂ **修剪：** 春季时树马齿苋会疯长，这时看见疯长的枝就把它剪下来，这样才能保持更好的树形。

➜ **适宜人群** 喜欢给花卉做造型的养花人。

巴西木又名"香龙血树"，属百合科常绿乔木。家养巴西木多以盆栽方式出现，盆栽高度从50～150厘米不等，枝叶多呈簇生状，叶片弯曲呈弓形，且叶面宽大并带有金黄色条纹，整个植株层次感强，是很有名的室内观叶植物。

"花"学课堂

➡ **宜栽领地** 全国各地均可种植。

➡ **美花档案**

☀ **光照：**巴西木对光线适应能力强，在稍遮阴或阳光下都能生长，在南方明亮的散射光和北方较干燥的居室中都可存活。

🌡 **温度：**巴西木喜高温气候，只要条件适合它可一年四季都生长，但它不耐寒，冬天要将其放在5℃以上的环境中才能安全越冬。

🌿 **湿度：**耐旱不耐涝，在其生长季节可充分浇水，以每周1～2次为佳，入冬要减量，以半月1次即可。夏季高温时还应用喷雾来提高空气湿度。

➡ **适宜人群** 喜欢观叶植物的养花人。

巴西木

·易·养·指·数
★★★★☆

月季是我国传统的十大名花之一，有着"花中皇后"的美誉。月季的自然花期是每年的5月至11月，它的花形娇艳欲滴，看起来非常可人，花的颜色也很多，有象征着美好爱情的红月季；有代表初恋情愫的粉月季；还有寓意尊敬礼貌的白月季，还有珍稀的双色月季等。

"花"学课堂

→ 宜栽领地 全国各地均可种植。

→ 美花档案

温度： 月季有着较强的耐寒性，即便是一般的品种也能耐-15℃的低温，最适宜的生长温度是15～26℃。

湿度： 月季对湿度要求不高，通常空气中的相对湿度保持在75%～80%即可，如果达不到，可以人工增加湿度。到了炎热的夏季后，除了要给月季适当的遮阴，还应在上午和下午给月季的叶片上多喷点水，适度降温，创造一个湿润的环境，帮助花叶正常生长。

施肥： 为了植株生长得更好，要进行科学的肥水管理。在植株萌发新芽时，可以在叶片上每周喷洒0.2%的尿素；在现蕾期可以每周喷洒0.2%的磷酸二氢钾；到了月季的生长旺季，要添加复合液体肥料。

→ 适宜人群 喜欢传统花卉的勤劳养花人。

月季花

· 易 · 养 · 指 · 数
★★★★☆

乐活天地

七七家娇艳的月季花

➡ **美花领地** 阳台

➡ **开心栽培**

（1）月季花盆很关键，最好选用土烧盆来种植。

（2）已经带有小花蕾的月季，回家后可以直接套盆；休眠期后需添加土壤、腐熟的豆渣、糟糠灰来增加培土的养分，让月季没有"后顾之忧"。

（3）月季浇水要看长势。盆栽的月季要根据季节的变化和月季的长势来综合。如春季月季刚长叶时，需水量就较小，这时每周浇一次便可；而到了夏季就应该每两天浇一次，并且浇透；到了孕蕾期和开花期，绝对不能缺少供水量；而到了休眠期，就要逐渐减少水量。

（4）消除虫害有高招。在春秋两季，月季的叶片容易发生黑斑病和白粉病。发现这种情况，可以用70%湿性托布津粉剂喷雾来消除病症；而到了夏季在潮湿并且不通风的情况下，容易滋生红蜘蛛和蚜虫，这时建议以40%乐果乳油兑水喷治。

（5）月季修剪枝条。孕芽期的月季可将主骨干修剪短一点；生长期可以轻剪一下，修剪残花；休眠期适度修剪，促进来年植株的发芽。

栀子花又被称为栀子、黄栀子，是一种原产于我国的四季常绿木本花卉。它的花期是每年的5~7月，处于花期的栀子花，花朵洁白如玉，叶片油润翠绿，花香淡雅芬芳，特别是在炎炎夏日欣赏时，还能获得清凉之感。

栀子花

·易·养·指·数
★★★★★

"花"学课堂

➡ **宜栽领地** 在南方最为适合，北方的温室中也可存活。

➡ **美花档案**

温度： 栀子花最佳的生长发育温度是20~25℃，花期最适宜的温度是26~28℃，若环境温度高于30℃以上，应做好适当的降温工作。

湿度： 栀子花喜欢潮湿，在夏季的生长期不仅要给予"大水"，即每天浇一次，还应在早晚用喷壶喷点水雾在上面，提高空气中的湿度。

施肥： 通常来讲，栀子花并不是喜欢肥料的植物，但是由于它生长力非常旺盛，用于盆栽时养分又有限，因此，建议在生长期可以适当地添加一些肥料。

➡ **适宜人群** 喜爱芳香类木本花卉的勤快人士。

乐活天地

默默家清香扑鼻的栀子花

→ **美花领地** 阳台

→ **开心栽培**

（1）从花市上购买了一小株栀子花后，就倒腾了一些培土，预备把它种到新的花盆中了，为了避免弄伤它的根部，以防窝住根部，我那个小心啊，就像在照顾自家的孩子一样。

（2）都说栀子花是喜"水"的植物，每天给它喝得饱饱的都不行，为了让它生长得更好，我打算在水里加点营养物质，把自来水晾两天，然后兑点矿泉水或者淘米水。经过一段时间后再看，长势愈发不错，叶子也油亮油亮的。

（3）为了调节和控制栀子花的生长，让植株的形状更加好看，提高开花后的观赏性。春季时，我决定修剪一下栀子花，主要对新枝的顶端进行摘除，这样可以促使枝条基部的腋芽变得饱满，滋生更多的花芽。

（4）前些日子栀子花长得还不错，可是到了后来不知道为什么，叶片居然变成了铁锈色。向资深人士讨教后才知道，原来栀子花喜欢酸性土壤，土壤里面有点缺铁，想改进一下也很简单，只要在土壤中倒一点陈醋即可。

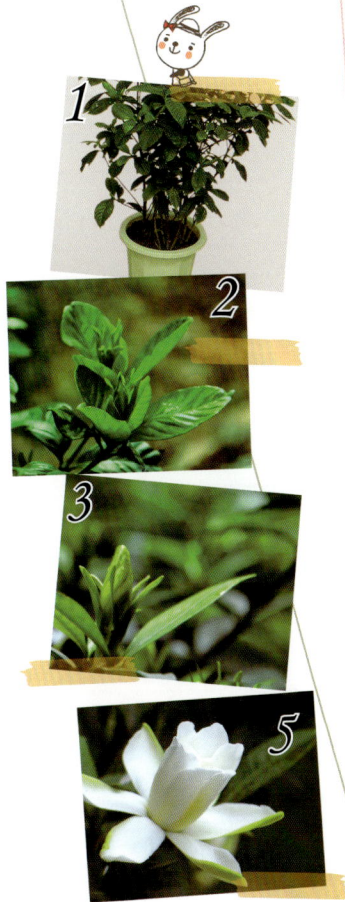

一品红

· 易 · 养 · 指 · 数
★★★★☆

一品红又被称为"圣诞花"，这主要是因为靠近花朵处鲜艳的红色叶片，充满了浓浓的圣诞气息而得名，是圣诞节最为热销的室内盆花之一。根据其上市的早晚和遮光的情况，一品红的花期通常在10月至来年的2月，如果10月份上市，那么花期就在12月份左右；如果一品红总是在光线不强的地方生长，那么就会不开花。

"花"学课堂

⊙ **宜栽领地** 全国各地均可种植。

⊙ **美花档案**

🕯 **温度：** 一品红最适宜的生长温度是16～18℃，冬季室内温度不能低于5℃，否则基部就会出现落叶，形成"脱脚"的情况，或者苞片泛蓝的情况。

💧 **湿度：** 一品红对湿度和水分都比较的敏感，如果是过湿，会导致烂根的情况，水浇得过勤，有时还会出现节间伸长、叶片变得狭窄等情况。因此只要能保证生长期水分充足即可，室内湿度保持在50%就可以了。

🪟 **施肥：** 一品红喜欢肥沃的砂质土壤，培土的底部最好能投放有机肥料和腐叶土；等到入秋后，还应用0.3%的复合肥，每周施一次，以促进苞片的变色和花芽分化；在开花观赏期不用施肥。

🏛 **繁殖：** 一品红主要采用扦插繁殖的方式延续后代，等一品红开花后进入半休眠状态，可将植株放在2℃左右的环境中，适当浇水，打破休眠后即可进行采条扦插。

⊙ **适宜人群** 喜欢带有喜庆感花卉的勤劳爱花人。

乐活天地

琪琪家色彩夺目的一品红

→ **美花领地** 阳台

→ **开心栽培**

（1）购买时，尽量挑选花头较多，植株的脚叶没有发黄脱落，整株形状看起来比较坚挺的一品红，如果是一个5寸（1厘米=0.3寸）的盆栽至少要有3个以上的花序。

（2）回家后，直接选用套盆的方法来种植。浇水时，要做到不干不浇，浇则浇透的处理方法，同时最好准备长嘴壶，这样能够避免水分沾到叶片上，影响一品红花叶的美观。

（3）临近花期不可施肥。对于刚刚从市场购买回来的一品红，都是应景欣赏的，这时都不需要额外补充肥料了。待花期完全结束时，为了来年生长的更好，应配合修剪在土壤中添加长效肥料。

（4）光线很重要。到了一品红的开花期，光线的强弱很重要，光线充足，则苞片颜色美丽，还能让其长久不凋谢；如果光线较暗，苞片不仅会褪色还会脱落，让花茎处显得难看，整株也看起来没精神，观赏性也会大打折扣。

（5）开花完后要修剪。当所有花茎上苞片都开放并凋谢完毕后，应该剪去全部的茎条，每个植株留有10~15厘米的长度便可，等3周左右自然会重新生长发育，长出新的叶片。

绣球花是属于山茱萸属绣球花科的落叶灌木，因为其花形像绣球一样而得名，它的花期是每年的4～6月，颜色有白色、红色、粉色、淡绿色等。待到花开时，在绿叶的枝头会长出伞形的花序，然后花序会慢慢的盛开，犹如雪球一样悬挂在枝头。

"花"学课堂

➔ **宜栽领地** 全国各地均可种植，在华中地区和西南的盆地中尤其适合生长。

➔ **美花档案**

🌡 **温度**：绣球花最适宜的生长温度是18～28℃，其花芽分化的温度要在5～7℃的条件下，一般环境温度到达20℃左右时，会开花。如果能降低环境温度，还能延长其花期。绣球花冬季温度不能低于5℃。

💧 **湿度**：绣球花喜欢湿润，室内湿度保持在50%即可。它不喜欢潮湿的土壤，否则叶片会出现腐烂的情况；在梅雨季节尤其要注重土壤的排水性，而到了冬季之后，盆土宜保持干燥为佳。

🌱 **施肥**：绣球花在花期会消耗掉大量的土壤养分，这期间尤其要注意补充肥水，在花期前可以投放长效的复合化肥。

➔ **适宜人群** 喜欢小花朵组成大花形的爱花者。

绣球花

· 易 · 养 · 指 · 数
★★★★☆

乐活天地

洋洋家花团艳丽的绣球花

➡️ **美花领地** 室内

➡️ **开心栽培**

（1）首先要挑选健壮的植株。在花市上挑选绣球花时，尤其要选植株看起来结实，有隐隐花芽从中央处冒出的为佳。

（2）适当遮阴利于发芽。可以将绣球花放在光线较弱的地方，约一个月之后，就能在枝头隐隐看见花芽，然后再将植株移到光线较强的地方，通常在室内温度到达20℃左右时，不到两周绣球花就能开花了。

（3）适当摘心让其多开花。当温度上升后，绣球花的长势会变得很好，这个时候要控制一下，及时修剪一下株形，一来为了让植株的外形看起来更美观，二来也能促进植株在后期多开花。

（4）绣球花开花后，如果想让花期更久一些，可以移至室内，降低温度，放在客厅欣赏，在照顾比较好的情况下，花朵可以坚持数月不凋谢。

（5）当绣球花盛开完后，可以进行扦插繁殖。只需要枝条上有2~3个节，剪除下方的叶片，斜插入新的花盆中，适当地遮阴，保持一定的空气湿度，枝条就能在夏季生根发芽。

迷迭香是一种原产地在地中海的常绿灌木，植株看起来像小松针一样，叶缘还微微地向上卷曲，叶片还会散发出像松针一样的香味，花朵一般呈蓝色，长于叶缘的腋下，远远看去就像小水滴一样，将花朵晾干之后，放于室内还会有一定的杀菌功效。

"花"学课堂

→ **宜栽领地**　尤其适合在南方种植，也可在北方温室存活。

→ **美花档案**

温度： 迷迭香最适宜的生长温度是18～22℃，如果环境温度超过30℃，就应适度降温；越冬的温度不能低于5℃，否则植株就会直接死掉。

湿度： 迷迭香喜凉爽，耐寒性较强，不能适应潮湿的环境，空气的适度在50%左右即可。浇水要根据土壤的干湿情况而定，宁愿偏干也不能偏湿。

施肥： 想让迷迭香生长得不错，施肥是非常有必要的，但是一定要把握适量的原则，因为施肥过多，就有可能导致迷迭香香味变淡，重则危害植株的死亡。

→ **适宜人群**　喜欢雨滴状小花朵的宠花人。

迷迭香

·易·养·指·数
★★★★★

富贵子的名字很招人喜，属金牛科常绿小灌木，自然生长于山谷林下。富贵子叶片互生，有红叶和绿叶两种；等到夏日开花时，或粉红或花白的花朵很是惹人怜。到了结果时节，果实则如豌豆般大小，颜色鲜红地环绕在枝头，别有一番情趣！

富贵子

· 易 · 养 · 指 · 数
★★★★☆

"花"学课堂

→ **宜栽领地** 南北方均可种植。

→ **美花档案**

温度： 富贵子最佳的生长温度是7～10℃，有一定的耐寒性，在短期零度的温度下还能存活。

湿度： 喜欢在湿润的环境中生长，如果环境较干燥，要适当地在叶片上喷洒水雾，增加湿润度，否则富贵子的叶片就会失去光泽，严重的还会直接枯萎死掉。

光照： 对光线要求不高，即便在光线较弱的室内，都能够正常地开花结果，当开花完毕后，会长出白绿色的果实，随着果实的成熟颜色会越变越红。

施肥： 由于富贵子的生长比较缓慢，建议每一季投放一次长效的肥料便可。

→ **适宜人群** 喜欢观果植物的勤快人士。

米兰是多年生的常绿小乔木，是非常有名的观花木植物。它的花期是每年的6～10月，在水分和养分充足的情况下，还能达到终年开花不断的效果。米兰的花朵与茉莉花的大小类似，有小家碧玉之感，颜色呈金黄色，花香非常浓郁。将米兰种植在家中，不仅可以陶冶情操，还能净化室内空气。

"花"学课堂

→ **宜栽领地** 南方地区，北方温室也可栽种。

→ **美花档案**

温度： 米兰最适宜的生长温度是20～35℃，它比较喜欢温暖，温度越高，它开出来的花也就越香，特别是温度在30℃左右时，此特征最为明显。米兰耐寒性较差，在北方种植，最好能移至温室内。

湿度： 夏季是米兰的生长旺季，需水量也就越多，一般每天浇一次水，同时在早晚还要能在叶片上喷洒一点水分，淋水适中，米兰的香气也就越浓郁。

施肥： 由于米兰花期较长，开花的次数较多，在每开过一次花后，要追加已经充分腐熟的液肥2～3次，这样才能保证米兰开花不断，香气逼人。

→ **适宜人群** 喜欢乖巧小黄花的勤快养花人。

米兰

· 易 · 养 · 指 · 数
★★★★☆

乐活天地

芬芬家金黄色的米兰花

➡ **美花领地** 室内

➡ **开心栽培**

（1）选购米兰要看植株。植株包得严实，看起来健壮，买回家后成活率也就比较高，如果叶片发映，没有精神，最好不要购买。回家后要连着米兰的泥土一起种下，不要剔除其根系上的泥土。

（2）初次栽培不建议使用大盆，直径在10厘米左右的小盆即可，盆地要用沙壤，增强其排水性，沙壤上用草木灰、腐叶土来作为培土即可。栽培好后，先将米兰放入到阴凉处，而后再逐渐加强光线的照射。

（3）小苗需修剪整形。让米兰开始滋生出新的叶片后，就要开始修建一下，在盆栽时，保留1～2株10厘米左右的植株即可，注重分叉修剪法，让其旁生侧枝，增加开花后盆栽的观赏度，也利于其植株本身的通风性。

（4）开花期阳光养分不能缺。在整个花期都应当放在光线充足的地方，给予全光照。花期每月都追肥，孕蕾期要以磷肥为主；开花期要以氮肥为主；同时还应在土壤上投放腐熟的有机液肥。

金边瑞香

·易·养·指·数

★★★★★

金边瑞香是我国传统名花，也是世界名花的一种，艳丽而娇羞，芳香而不腻味，花姿绰约，韵味十足。金边瑞香的花期是春节前后，一般为两个月，新春之际摆放在家中，能带来瑞祥之感，并给室内平添一丝芬芳。

"花"学课堂

➡ **宜栽领地** 全国各地均可栽种，栽种在南方时要适当避阴。

➡ **美花档案**

🌡 **温度：** 金边瑞香耐热性比较差，尤其害怕高温炎热的天气。当环境温度超过25℃时，就会停止生长；冬季温度在5℃左右可安全越冬，在北方种植时，入冬前最好移至室内。

💧 **湿度：** 夏季要注意给金边瑞香喷水，帮助其降温。平时浇水要见干见湿，因为是肉质根的关系，尤其害怕盆内积水，碰到雨季时，需及时倾倒盆内的积水。

🧴 **施肥：** 培土中适量添加腐叶土，同时再掺加一点沙壤和腐熟的饼肥；在生长期，每隔10天就应该追肥一次，可以添加稀薄的液肥或氮肥；开花期可以追施一次稀薄的饼肥，增强土壤的肥力。

➡ **适宜人群** 比较好养活，尤其适合懒惰的爱花人。

乐活天地

变变家的金边瑞香

→ **美花领地** 室内

→ **开心栽培**

（1）购买时，一定要选择分枝比较多，枝干比较健壮，整体形状比较饱满的植株。带有小花苞的植株，要以花苞越多越好为佳，不要选择有老化枯黄花苞的植株。在生长期可以直接套盆来养护；如果是休眠期，可以适当地换盆。

（2）由于金边瑞香的叶片比较茂密，除了给予适当的光照，还应放在通风良好的环境中，否则里面的枝条就会遭受到病虫害的袭击。

（3）枯叶病在夏季高温季节尤爱多发，多是因为病菌从患病的根部侵入。这治疗要从根部做起，只要用多菌灵或本来特800～1000倍液浇灌根部，每周一次，连灌5～6次，金边瑞香就能重获新生了。

（4）及时修剪，临近新春是金边瑞香的生长期，这时需对植株进行摘叶、摘心处理，修去过多的枝条，以控制水分的蒸发，让金边瑞香在开花期花儿朵朵争艳。

发财树属常绿乔木，其植株挺拔优美，叶冠如同撑开的伞状，叶片颜色翠绿鲜艳，具有很棒的视觉欣赏效果。另外，发财树寓意吉祥如意，放在家中不仅典雅大方，还能为家庭带来祥和富贵之气，因此发财树很是招养花人的喜爱。

"花"学课堂

→ **宜栽领地**　全国各地均可种植，但北方需在温室种植。

→ **美花档案**

☀ **光照：** 发财树喜高温湿润和阳光照射的环境，不适合长时间遮阴，否则容易导致叶片变黄。且为了让植株长势均匀，要隔三差五移动花盆，让每一处叶片都接受阳光照射。

💧 **湿度：** 发财树高温季节多浇水，可每隔三五天浇水一次，并向叶片喷洒水雾。到了冬天应减少浇水量，否则会招致烂根死亡。

🪴 **施肥：** 发财树喜肥，每次换盆时可在盆地加入1/3的肥土，并尽量用腐殖土、田园土等混合栽种发财树，以促进根深叶茂。

→ **适宜人群**　喜欢观叶植物的养花人。

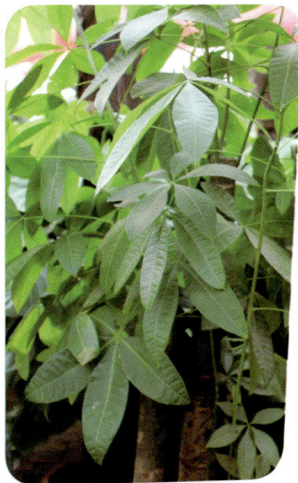

发财树

·易·养·指·数
★★★★★

多肉花卉 多福多寿懒人最爱

多肉类的花卉植物，
大多叶片肥大，含水量较多，呈肉质状，其花卉形状有大有小，
颜色也非常的丰富，
在肉质状的叶片上盛开出娇艳的小花朵，看起来非常的可爱。

麒麟花又被称为虎刺花、铁海棠，是一种原产地在马达加斯加的喜阳花卉，具有较强的耐旱性，全年均可开花。它的株杆上长有褐色的硬刺，花朵呈鲜红色，并且两两对生，给人非常温暖、富贵的感觉。

麒麟花

·易·养·指·数
★★★★★

"花"学课堂

→ **宜栽领地** 南北方均可，到冬季后花朵会变得比较稀疏。

→ **美花档案**

温度： 麒麟花比较喜欢温暖的环境，在15～22℃的温度中，并且有阳光照射的情况下，会生长得很好，可使花开不绝。

湿度： 在春秋两季，麒麟花的土壤为半湿润状态

为佳；在炎热的夏季，最好每天都要浇水一次。

🪴 **施肥：** 在春季，可以用培养土作为麒麟花的底肥；在夏季生长期，最好做到每半个月施肥一次。

➡ **适宜人群** 耐旱性强，适合工作繁忙之人。

乐活天地

吴威家中争艳的麒麟花

➡ **美花领地** 阳台

➡ **开心栽培**

（1）在花市上看到麒麟花的小花骨朵，就忍不住被吸引了，花瓣对生呈卵形，两个小苞片可爱极了。于是，我就挑选了几株分枝较多，叶片较密，有小花骨朵的麒麟花抱回家了。

（2）修剪了一下枝干上的枯枝败叶，找了一个干净的小花盆，加了一些培土在里面，就把麒麟花牢牢地种在了里面，然后浇透水，放到阳光充足的地方静待花儿的生长。

（3）在我的精心照顾下，麒麟花长势不错，花盆都有点显小了。现在是时候给花儿插枝，首先挑选几株健康的枝条剪下，并用剪刀剪去底下的小绿叶和花朵，擦拭一下流出来乳白色液体，完成后就能把这些枝条扦插到另一个花盆中了。

111

沙漠玫瑰

· 易 · 养 · 指 · 数
★★★★★

沙漠玫瑰又被称为"天宝花",是一种原产于非洲的热带花卉,属于多肉植物中的一种。在环境非常温暖的情况下,可开花不断,花形看起来像小喇叭一样,颜色有枚红色、粉红色、白色等。

"花"学课堂

➔ **宜栽领地** 特别适合种植在温暖的南方,在北方需放在温室种植。

➔ **美花档案**

温度: 在高温的环境中也能生长得很好,但是耐寒性比较差。最适宜的生长温度是18～25℃,室内的最低温度不宜低于10℃,当温度低于10℃度时,就会进入到半休眠状态,如果不注意保暖,会出现落叶。

湿度: 在夏秋两季是沙漠玫瑰的生长旺季,这个时间段要做到充足的阳光照耀,并充分浇水,保持盆土的湿润,但是又不能过湿,见干见湿为佳。

施肥: 沙漠玫瑰比较喜欢钾磷肥,在生长期最好能一个月补充一次肥料,这样开出来的花儿才能格外的鲜艳,长得也更加繁茂。每年最好能换一次盆,在花盆的底部加入一些长效的基肥,如已经发酵过的豆饼、动物骨粉等。

➔ **适宜人群** 喜欢艳丽花色的宠花人。

乐活天地

乐乐家娇艳的沙漠玫瑰

➡ **美花领地** 阳台

➡ **开心栽培**

（1）目前沙漠玫瑰在市场上还是属于比较贵的，购买时最好选择植株较为结实，有花苞待放的为佳。同时购买回家后，应适当在盆土内添加沙性土壤，这样是为了增强土壤的排水性。

（2）阳光照耀要充分。沙漠玫瑰实际上是热带植物，在阳光的照射下才能长得更好，如果是在生长期，阳光一定要充足，到了夏季，光照太强烈也不行，在保证叶片清翠的基础上，应适当遮阴；遮阴还要有一定的散射光，以免叶片出现黄化的状况，影响到开花。

（3）适当修剪让花儿更美。如果沙漠玫瑰的植株徒长，会影响到花朵的正常绽放，这种情况下，爱花的人士除了要给沙漠玫瑰一个稳定的生长环境，同时还要狠下心来，修剪一些徒长的枝条。

（4）在居家养护的过程中，最简单的繁殖方法就是扦插，只要在夏季选取10厘米长的结实枝条，让切口自然风干，然后安插到沙性土壤和培土组成的花盆中，大概过3~4周，沙漠玫瑰就能生长出新的叶片了。

1

2

3

4

113

长寿花

长寿花是一种多肉类的植物花卉，叶片比较肥大和光亮，常年保持翠绿的生长情况，到了花期之际，每一个花枝上可有10个以上的花苞，它的花期一般是在10月至来年的4月之间。

"花"学课堂

⊙ 宜栽领地 宜在温暖湿润的南方栽种，在北方种植时，冬季必须放置到有暖气的室内。

⊙ 美花档案

🌡 **温度**：长寿花在温暖湿润，并且阳光充足的环境下会生长得很好。最适宜的生长温度是15～25℃，最高温度不能超过30℃，否则就会影响其正常生长；最低温度不能低于5℃，不然原本翠绿的叶片就会出现发红无光泽的状况。

💧 **湿度**：因为是多肉类的植物，叶片上本身就储存有比较充足的水分，有着较强的耐旱性。在生长期的时候，叶片上要保持一定的湿润度，中午前后可以喷洒一点小水雾。给长寿花浇水一定要做到"见干见湿，浇水浇透"的原则。

🪨 **施肥**：在夏季都应停止施肥，这一季长寿花植株会紧缩，几乎停止了生长，施肥还有可能把花儿烧死；在秋季和初春这种生长旺期，应每月给花儿增加一点含磷的液体肥料，在长寿花开花后，还应追肥一次，以免花儿开放后劲不足，开放力度欠佳。

⊙ 适宜人群 喜爱小型花朵的勤快爱花人。

乐活天地

阿达家盛放的长寿花

➡ **美花领地** 书房

➡ **开心栽培**

（1）初次购买长寿花，一定要选购植株坚挺，叶片较多没斑点，同时有很多花苞的植株，这样更利于后期的生长。买回来之后要适当美化修剪一下长寿花，比如剪除老化的叶片等。

（2）日常浇水一定要浇透水，并且避免盆底积水，以防烂根；同时由于长寿花的叶片比较大，应摆放在通风良好的部位，以预防叶片和花瓣中积水，造成局部的腐烂。

（3）适当的阳光照耀，长寿花的生长有着向阳性的特征，在生长期的时候，除了要给予适当的光照，还应注意隔几天调换一下花盆的方向，让植株受到均匀的光照，让枝条向四周均匀的生长，这样到了花期，观赏性也就更强。

（4）千万不要以为长寿花开过了之后就不用打理了，因为其花期较长的缘故，待花谢了之后，可以根据自己的喜好多修剪一些枝条，这样能够促进枝条长得更加茁壮，萌发出新的枝条和花芽。

（5）花盆中长寿花越来越多，看着都好像有点挤了，在这种情况下需及时给花分盆，剪取较为粗壮的枝条，插入到其他花盆中即可。因为长寿花扦插成活率较高，等到4~5天左右，扦插的枝条就能长出根须了，同时自己也会非常有成就感。

仙人球又称"长盛球"，属仙人科多年生肉质花卉，是居家花卉中的常客。仙人球栽种简单，不仅球体靓丽，开出的花朵也美轮美奂，仙人球开花一般在清晨或傍晚，花朵持续时间多只有数小时。仙人球是天然的空气清新剂，放在家中还能吸附灰尘和电磁辐射。

"花"学课堂

➡ **宜栽领地** 全国各地均可栽种。

➡ **美花档案**

🌡 **温度：** 仙人球喜高温干燥的环境，能耐极度高温，冬天应将其放在20℃以上的环境中，夜间温度不低于10℃，否则容易造成根部冻害而死。

🐗 **土壤：** 盆栽仙人掌怕水淹，所以对土壤要求很高，以排水性佳、透气性强、富含石灰质的土壤为好。若能用壤土、腐叶土和粗砂混合而成的培养土更好，盆底再垫上少量碎石，以利排水。

☀ **日照：** 仙人球要求阳光充足，但夏季紫外线太强时宜给予适量遮挡，冬天光照不强时可给予灯光照射，使之健康成长。

➡ **适宜人群** 没有太多时间打理花草的人。

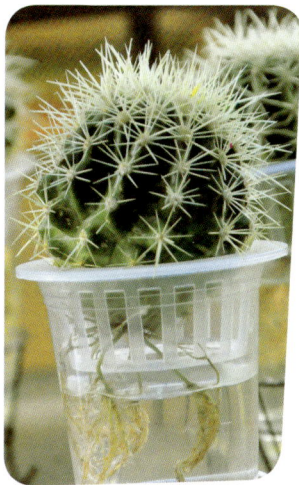

仙人球

· 易 · 养 · 指 · 数
★★★★★

·易·养·指·数
★★★★★

蟹爪兰的名字里面虽然有个"兰"字，其实并不属于兰花这一类，而是属于仙人掌科类的多肉开花植物。由于节茎连接的形状犹如蟹爪一样，还有刺毛，花形像兰花而得此名。蟹爪兰的花期在每年的12月至来年的4月。蟹爪兰一般采用插枝或嫁接的方法来进行繁殖，因此很多朋友常常选用多种花色混合种植，形成花色缤纷的居家美丽盆花。

"花"学课堂

➡ **宜栽领地** 全国各地均可种植，在南方生长尤佳。

➡ **美花档案**

🌡 **温度：** 蟹爪兰最适宜的生长温度是18～23℃，花期的温度是10～15℃。高温不能超过25℃，否则就要进行室内降温；越冬的温度不能低于10℃。

💧 **湿度：** 喜欢生长在比较通风，而且干燥的环境中，碰到梅雨季节，一定要注意防潮，以免叶面长霉受到病菌侵害。日常尽量保持叶面的干燥为佳，最佳的空气湿度是50%；同时蟹爪兰有较强的耐旱性，因此，种植蟹爪兰的土壤宜干不宜湿。

🧴 **施肥：** 在每年的11月份最好能进行一次施肥，可以是用氮磷钾比率为1：1：1的复合肥料，这样可使度过盛夏休眠期的蟹爪兰，在12月份枝叶长得繁茂，花朵大而鲜艳。

➡ **适宜人群** 有一定动手能力的勤劳爱花者。

乐活天地

洋洋家风姿绰约的蟹爪兰

➔ **美花领地** 阳台

➔ **开心栽培**

（1）新买的蟹爪兰最好不要进行换盆，并且要先将其放置到阴凉的地方，减少叶面水分的蒸发，待其完全适应环境后再浇水，并接受每日1~2小时的阳光照射。

（2）适当增加阳光照射的时间，以让光合作用为植株生长累积养分，晚间要记得搬回室内。在此期间，要经常观察蟹爪兰的长势，以防出现节间伸长、叶片徒长的情况。

（3）有小的花朵开放后，还能增加照射阳光的时间，切莫急于欣赏而移至室内，不然花朵的凋谢还会变快；以此同时，还应添加复合液肥，让更多小花苞诞生，花期变长。

（4）插枝蟹爪兰。首先不要在气温较高的时间进行，早春或者晚秋都可以；然后应挑选比较肥厚的茎枝5~8条左右；接着将茎枝放入到已经泡好的水苔中，用水苔包住茎枝的底部，稍微施力，

挤干水苔的水分，最后将其一起放入到花盆中即可。一般在半个月左右插枝的蟹爪兰会发新的根须出来。